Valentin Thurn / Gundula Oertel

TASTE
THE WASTE

REZEPTE UND IDEEN
FÜR ESSENSRETTER

Kiepenheuer
& Witsch

1. Auflage 2012

© 2012, Verlag Kiepenheuer & Witsch, Köln
Alle Rechte vorbehalten. Kein Teil des Werkes darf in
irgendeiner Form (durch Fotografie, Mikrofilm oder ein
anderes Verfahren) ohne schriftliche Genehmigung des
Verlages reproduziert oder unter Verwendung elektronischer
Systeme verarbeitet, vervielfältigt oder verbreitet werden.

Umschlaggestaltung: Uta Tietze, Berlin
Umschlagmotiv: Uli Westphal; Nadel und Hintergrund: Uta Tietze, Berlin
Layout, Satz und Illustration: Uta Tietze, Berlin; Mitarbeit Kerstin Porges
Gesetzt aus der Absara

Druck und Bindearbeiten: GGP Media GmbH, Pößneck
Papier: Recyclingpapier Circle Offset white, 115g/qm , 1,11f.Vol., FSC
ISBN 978-3-462-04483-6

Inhalt

Viele hat es schockiert, was sie durch den Film »Taste the Waste« und das Buch »Die Essensvernichter« erfuhren: Die Hälfte aller produzierten Lebensmittel wird nicht aufgegessen, sondern weggeworfen. Nun haben es Schockeffekte zwar so an sich, dass sie wachrütteln. Doch dies allein bringt die nötige Veränderung kaum in Gang. Dazu werden immer ein paar entschlossene Vorreiter gebraucht, die sich früher als alle anderen auf unbekanntes Terrain wagen und gangbare Wege auskundschaften.

★ Wie viele solche Avantgardisten es beim Thema Essen bereits gibt, war eine unserer schönsten Entdeckungen während der Dreharbeiten, bei Filmvorführungen und Lesungen und schließlich auch bei der Recherche für dieses Buch. Überall im Land und rund um den Globus gibt es Menschen, die längst losmarschiert sind auf dem Weg zurück zum achtsamen Umgang mit wertvollen Nahrungsressourcen.

Weltweit ist uns viel Unbehagen angesichts der zunehmenden Industrialisierung der Nahrungsproduktion und der unfairen Ressourcenverteilung begegnet, von Japan über Europa bis in die USA. Viele Menschen haben uns eingeladen, mit ihnen zu kochen und zu essen, in Kamerun etwa, einem Land mit über 300 Ethnien, die alle stolz sind auf ihre jeweils eigene Esskultur. Wenn dort überhaupt Fleisch auf den Tisch kommt, dann bleibt nichts übrig. Unsere Teller waren nach dem Essen noch halb voll mit Knorpeln, Sehnen und Knochen. Auf denen unserer afrikanischen Freunde lag schlichtweg nichts mehr, denn sie hatten alles mitgegessen. Und das war in diesem Fall keine Frage von Armut und notgedrungener Sparsamkeit, unsere Gastgeber waren nicht arm. Es ist bei ihnen einfach so Sitte, dass man nichts zurücklässt, was prinzipiell genießbar ist.

Überall, wo wir hinkamen, hat uns immer wieder von Neuem beeindruckt, welchen Stellenwert die Gemeinschaft beim Essen hat. Der Moment, in dem man sich um den Tisch versammelt oder am Boden im Kreis sitzt, wie zum Beispiel in Japan, wird als soziales

Ereignis hoch geschätzt. Solche Erfahrungen haben auch unseren eigenen Blick auf das Essen verändert. Wir haben viel Neues darüber gelernt, wie man scheinbar Wertloses in Schätze verwandeln kann, und dabei zu spüren bekommen, wie sehr der achtsame, ja geradezu liebevolle Umgang mit Lebensmitteln und das Teilen mit anderen das eigene Wohlbefinden steigern können.

Vor allem diese Freude und diesen Erfindungsreichtum wollen wir mit diesem Buch weitergeben. Darum ist es auch kein klassisches Kochbuch geworden, keine systematisch geordnete Sammlung von Zubereitungshinweisen. Uns lag daran, Rezepte in enger Verbindung zu ihren Erfindern und ihrer »Essensphilosophie« zu präsentieren. Die Köchinnen und Köche in diesem Buch sind ausnahmslos Menschen, für die sich der Wert der Lebensmittel nicht in ihrem Preis ausdrückt und die mehr im Essen sehen als eine Ansammlung von Kalorien, die satt machen.

★ Es sind Rebellen am Herd, die dem rein profitorientierten Umgang mit Rohstoffen seitens der Agrar- und Lebensmittelindustrie entschlossen ihre Vorstellungen von Wertschätzung und gemeinschaftlich organisierter Versorgung entgegensetzen. Eine allgemeingültige Anleitung zur kulinarischen Weltrettung haben jedoch weder wir Autoren noch die vorgestellten kulinarischen Enthusiasten im Sinn. Sie wollen durch ihre eigene Begeisterung und durch Genuss überzeugen, nicht durch papierne Regeln und den moralischen Zeigefinger.

Dass die kulinarische Welt allein schon dadurch besser wird, dass mehr Menschen den wahren Wert der Lebensmittel zu schätzen wissen, beweisen sie uns durch ermutigende Beispiele. Essen retten? Darüber denken die Menschen in diesem Buch nicht lange nach. Sie tun es einfach. Jeden Tag und auf ihre jeweils ganz eigene Art. Sie verlocken uns damit, es ihnen gleichzutun oder uns unseren eigenen Ausweg aus der übersättigten Wegwerfgesellschaft zu suchen. Was sie uns über ihre Erfahrungen, Ideen und Motive erzählt haben, ist deshalb als genussvoller Appell an die Leser zu verstehen, gemeinsam die Autonomie in der Ernährung zurückzuerobern, die die Industrie uns schon so weitgehend beschnitten hat.

★ Besonders freut uns die Beobachtung, dass die Aufmerksamkeit, die »Taste the Waste« für das Thema Lebensmittelverschwendung schaffen konnte, viele Gleichgesinnte zusammengeführt und ihre kulinarischen Initiativen einer breiteren Öffentlichkeit bekannt gemacht hat. Auch wir Autoren sind uns bei einem solchen Anlass begegnet. In unserem Fall war es die erste große Kochaktion aus Anlass des Kinostarts von »Taste the Waste« in Berlin, von Slow Food und Brot für die Welt organisiert. Wam Kat kochte mit seinen Helfern lauter Köstlichkeiten aus Zutaten, die an jedem anderen Tag auf dem Komposthaufen gelandet wären. Das Gemüse dafür hatten wir am Vortag gemeinsam mit einer Schulklasse bei einem Bauern eingesammelt. Er schenkte uns all das, was nach heute leider marktüblichen Maßstäben als unverkäuflich gilt.

Der Künstler und Fotograf Uli Westphal war bei der erwähnten Ernteaktion mit seiner Kamera dabei. Er war so begeistert von den abenteuerlichen Formen vieler Mohrrüben, dass er sich einige davon gleich auslieh, um sie für sein Kunstprojekt »Mutatoes« zu fotografieren: »Wir halten sie für mutiert, dabei ist es nur die natürliche Vielfalt möglicher Erscheinungsformen, die wir sehen. Weil sie im Supermarkt solchen verschlungenen Wurzeln nie begegnen, betrachten viele sie mit äußerstem Misstrauen, statt einfach zu probieren und zu entdecken, dass krumm nicht weniger gut schmeckt als gerade«, hat er festgestellt. Am nächsten Tag brachte der Fotograf seine vegetarischen Models wieder mit, auf dass sie von den freiwilligen Küchenjungs und -mädchen mit in die »Protesst«-Suppe geschnippelt werden könnten. Als wir ihn danach fragten, ob er nicht Lust hätte, sich an dem geplanten Buch mit seinen »Mutatoes« zu beteiligen und Essensretter und ihre frisch zubereiteten Leibspeisen mit der Kamera zu porträtieren, willigte er mit Freuden ein!

Mit anderen Worten: Die Idee zu diesem Buch entstand beim gemeinsamen Ernten, Kochen und Essen. Es ist unsere Antwort auf die Frage, wie man es am besten schafft, Menschen jenseits von düsteren Szenarien dafür zu gewinnen, selbst die Initiative zum Wandel zu ergreifen oder andere nach Kräften darin zu unterstützen, und das mit Genuss!

Dafür mussten wir natürlich eine möglichst repräsentative Auswahl unter den schon erwähnten Vorreitern treffen, und das ist uns in vielen Fällen gar nicht so leichtgefallen. Es gibt einfach viel mehr gute Ideen und überzeugende Initiativen, als ein Buch präsentieren kann. Unsere Wahl war deshalb zwangsläufig ein Kompromiss zwischen Originalität und exemplarischem Charakter der kulinarischen Aktivität. Unsere »Kapitelheldinnen und -helden« haben wir schließlich mit Notizblock und Kamera in ihren Küchen besucht, mit ihnen gekocht und gegessen, sie für Sie porträtiert und ihre Rezepte für Sie aufgeschrieben: auf dass Sie beim Lesen Lust bekommen, selbst Teil der Bewegung für eine nachhaltigere Esskultur zu werden!

★ Teil einer Bewegung, die schon seit einigen Jahren wächst und gedeiht und die offensiv die Frage nach einer neuen Kultur der Gemeingüter stellt, zum Beispiel in Gestalt der »urbanen Selbstversorger«. Allen voran die Urban-Gardening-Aktivisten, die Freiflächen »kapern«, um Gemüse anzubauen, die Bienen halten, Saatgut tauschen und vergessene Brachen in Orte der Begegnung und des gemeinschaftlichen Nutzens verwandeln. Andere retten Genießbares aus den Abfallcontainern der Supermärkte oder kochen mit Lebensmitteln, die andernfalls als nicht marktfähig unter den Tisch gefallen wären: krumm gewachsenes Obst und Gemüse, Brot von gestern, »abgelaufene« Produkte aller Art.

Öffentliche Kochaktionen, wie sie in ganz Europa stattfinden, bringen die Verschwendung auf allen Stufen unseres industriell geprägten Lebensmittelsystems immer breiter ins Bewusstsein.

In den Zentren vieler Städte in Deutschland und Österreich haben solche Aktionen schon stattgefunden, zum Beispiel unter dem Motto »Teller statt Tonne« (Slow Food) oder »Marmelade für alle« (evangelische Landjugend). Sie werden von Menschen organisiert, die sich mit der Wegwerfmentalität nicht länger abfinden wollen. Überall ergreifen diese kulinarischen Widerständler engagiert Partei für das achtsame Haushalten mit endlichen Nahrungsressourcen.

★ Manches dabei ist gar nicht so neu. Eher sogar ein Rückgriff, denn unsere Großeltern wussten gute Lebensmittel noch sehr viel unmittelbarer als »Mittel zum Leben« zu schätzen. Mitunter waren sie für sie sogar eine Frage auf Leben und Tod. Derart existenzielle Not mag angesichts des Überflusses, der sich bei uns in jedem Supermarktregal und in unseren geräumigen Kühlschränken stapelt, weit weg erscheinen. Und sicher taugt auch nicht unbesehen alles, was das Verhältnis unserer Großeltern zum Essen ausmachte, als Vorbild zur kulinarischen Weltverbesserung.

Wer aber das große Wegwerfen beenden und sich auf einen zukunftsfähigen Umgang mit Nahrungsschätzen besinnen will, findet in den Ratgebern von gestern nicht selten eine ergiebige Quelle für Anregungen, wie das praktisch vor sich gehen kann.

Lebensmittelverschwendung, zumal die von besonders hochwertigen Rohstoffen, berührt auch die globale Gerechtigkeit. Die Spekulanten auf den Finanzmärkten können ihre grausamen »Wetten auf Hunger« nur deshalb immer erfolgreicher abschließen, weil die Nachfrage auf dem weltweiten Agrarmarkt schneller wächst als das Angebot. Nachgefragtes, das dann bei uns zur Hälfte in der Tonne landet.

Gleichzeitig wird der lokalen Ernährungssicherung in vielen Ländern Afrikas und Asiens immer mehr Boden entzogen. Der wachsende Fleischhunger und die zunehmende Motorisierung der Welt beanspruchen immer größere Ackerflächen. Oft sind es international operierende Unternehmen, die Kleinbauern von ihrem Land vertreiben, um dort Futtermittel und Pflanzen für sogenannte Biotreibstoffe anzupflanzen. Die Agrarmärkte sind heute mehr denn je durch die Weltbörsen miteinander verbunden. Und so hat das, was wir essen oder wie viel wir davon wegwerfen, immer auch globale Folgen.

Bei der Frage, wie wir mit dieser Erkenntnis umgehen sollen und was sie für den kulinarischen Alltag bedeutet, kommt oft schnell das Wort Verzicht ins Spiel. Wir meinen, das muss nicht sein. Auch das wollen wir mit diesem Buch zeigen: Es ist kein Verzicht im Sinne von unangenehmer Beschränkung oder strenger Askese, um den es geht. Im Gegenteil, sich das Wegwerfen zu sparen, sich nicht zu viel vom Billigen und stattdessen genug von dem zu leisten, was seinen Preis tatsächlich wert ist, bedeutet Gewinn, nicht Verlust!

Und dabei ist nicht von Luxus die Rede oder von dekadenter Feinschmeckerei. Wer für sich selbst die Relation von Preis und Leistung beim Essen zugunsten von Genuss und Nachhaltigkeit ändern will, braucht dazu eher eine andere Haltung als ein anderes Einkommensniveau.

★ Die Essensretter in diesem Buch stimmen zum Beispiel auch weitgehend darin überein, dass es keinen Verzicht bedeutet, die bisher gewohnten Fleischrationen deutlich zu reduzieren. Für die einen ist dabei schon viel erreicht, mit den Tieren zu ihren Lebzeiten respektvoll umzugehen, nach dem Schlachten für vollständige Verwertung zu sorgen und Fleisch eher als Sonn- und Feiertagsgenuss denn als Regelfall für jeden Tag zu betrachten. Andere finden es richtiger, ganz ohne Fleisch oder ganz ohne tierische Produkte auszukommen. Auch sie erleben ihre Ernährungsweise nicht als Verzicht, sondern eher als Zugewinn an Gesundheit und Lebensqualität.

Und was für einen Spaß macht es, die kulinarischen Highlights zu entdecken, die ganz ohne zusätzliche Ausgaben, dafür aber mit umso mehr Lust am Ausprobieren und Erfindungsreichtum auf unsere Teller kommen können, einfach, weil wir uns das Wegwerfen an der falschen Stelle gespart haben. Auch das ist Gewinn und nicht Verlust, denn es schont das Budget und zugleich kostbare Rohstoffe.

Beim Sichten gängiger Rezeptsammlungen ist uns eine Vielzahl von Anweisungen aufgefallen, dies und das zu entfernen, wegzuschneiden und wegzuwerfen – Schalen, Strünke, Blätter und Kerne. Auch das wollten wir gern anders machen. Von den ausgewählten Essensrettern hier im Buch kann man deshalb viel über die fantasievolle Verwendung gerade solcher Lebensmittelbestandteile lernen. Viele von ihnen sehen die eigentliche Herausforderung der Sparsamen nämlich nicht in der Resteverwertung nach dem Essen, sondern in der vorher bedachten Vollverwertung alles Wertvollen.

★ Ein Prinzip, auf das wir bei unseren Recherchen in alternativen kulinarischen Milieus auch immer wieder gestoßen sind, heißt »teilen und mitteilen«. Dabei wird zum Beispiel über verschiedene Medien zu Veranstaltungen eingeladen, bei denen Menschen übrig gebliebenes Essen anbieten, oder es wird auf vergessene und verschmähte Nahrungsangebote hingewiesen, die allgemein zugänglich sind und gemeinschaftlich genutzt werden können.

Dabei kommen Aspekte wie Essen teilen, Gemeinsinn, Nachbarschaftshilfe und Gastfreundschaft ins Spiel, und das Internet spielt als Plattform für Information, Austausch und Selbstorganisation solcher Initiativen eine zentrale Rolle.

Das gilt auch für die wachsende »Taste the Waste«-Netzgemeinde, die über Facebook, Twitter und YouTube in Kontakt bleibt, und für die Aktivitäten, die von unserer Internetseite tastethewaste.com ausgehen. Alle Leserinnen und Leser dieses Buchs sind herzlich eingeladen, sich an dem Austausch von Fakten, Sichtweisen und Rezepten, der dort stattfindet, aktiv zu beteiligen.

Ebenso wie an unserer neuen Intiative »Foodsharing«, die das Prinzip »teilen und mitteilen« unter anderem über eine Smart-phone-Applikation aufgreift. Diese nachbarschaftlich gedachte, mobile Tauschbörse für Überbleibsel richtet sich vor allem an die Generation der unter 40-Jährigen. Nach jüngsten Studien wird nämlich in Singlehaushalten dieser Altersgruppe am meisten Essbares weggeworfen. (Mehr dazu finden Sie im Serviceanhang ganz hinten in diesem Buch.)

★ ★ ★ Zu guter Letzt sei noch ein anderer wichtiger Aspekt des Teilens angesprochen: der des Ein- und Aufteilens! Die Rede ist dabei ebenso vom planvollen Einkaufen und vorbedachten Ver-brauchsmengen wie von angemessener Verteilung zu Hause bei Tisch oder im Restaurant. Standardisierte Portionsgrößen sind für den größten Teil der Essensreste im Abfall von Restaurants ver-antwortlich. Manche Gastronomen reagieren inzwischen darauf, indem sie ihren Gästen in diesem Punkt deutlich mehr Wahlfrei-heit einräumen als bisher üblich. Aber auch im Privaten gibt es bessere Entscheidungen als die zunehmend häufiger gewählte Option, Überbleibsel von zu großen Portionen einfach in den Müll-eimer zu werfen. Die Rezepte in diesem Buch sind auch deshalb in der Mehrzahl eher zurückhaltend mit Angaben über die Zahl der Portionen, die ein Gericht ergibt. Wer 30 oder gar 2000 Esser auf einmal satt kriegen will, braucht natürlich wenigstens eine grobe Richtschnur, was die nötigen Mengen betrifft.

Im Übrigen aber überlassen wir es bewusst Ihrem individuellen Gusto und der Zahl der Überraschungsgäste, die Sie jeweils will-kommen heißen, wie weit Sie mit den hier angegebenen Mengen kommen. Außer beim Backen sind ja selbst Mengenangaben einzel-ner Zutaten Geschmacksache, und mancher kocht ohnehin lieber ganz ohne Anweisungen. Doch selbst wenn unsere Rezepte im

Einzelfall »nur« als Ausgangspunkt für eigene Erfindungen dienten, hätten sie den gemeinten Zweck damit nur umso besser erfüllt. Es ist eine alte Weisheit, dass der Appetit mit dem Essen kommt. In diesem Sinne wünschen wir Ihnen Lesegenuss, Vergnügen beim Ausprobieren der Essensretter-Rezepte und guten Appetit beim gemeinsamen Aufessen in fröhlicher Runde! ★

Berlin und Köln im August 2012
Gundula Oertel und Valentin Thurn

CULINARY MISFITS

ESST DIE
GANZE ERNTE!

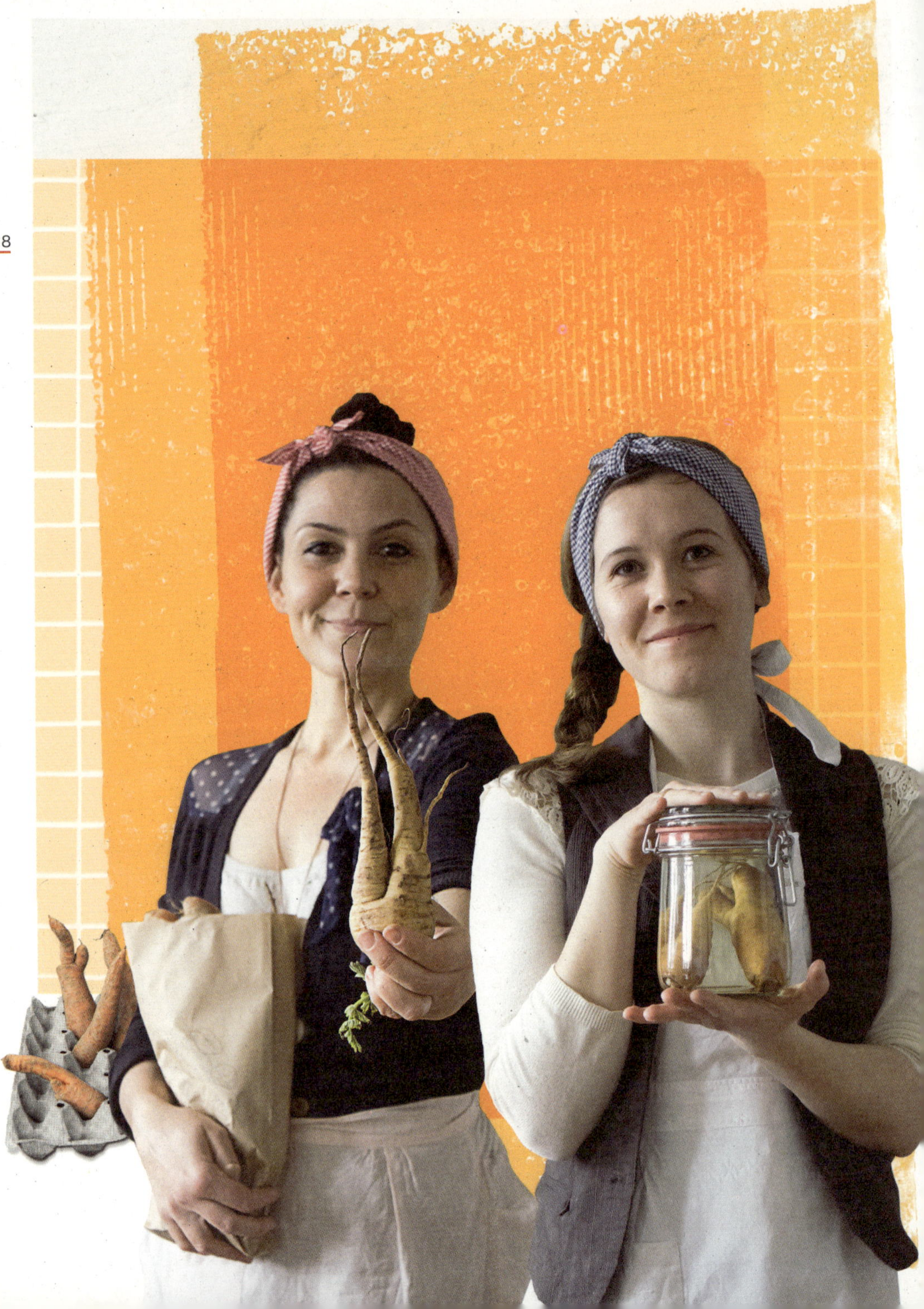

MISFITS, NICHT MARKT-FÄHIG

Schon ihr kleiner Marktwagen ist ein echtes Unikum. Keine Spur von der kreuzbraven Unauffälligkeit gewöhnlicher Straßenstände, die nicht mehr zu bieten haben als ein paar Planken auf Böcken und ein Dachgestell mit wetterfester Plane darüber. Tanja Krakowski und Lea Brumsack erregen Aufsehen, wenn sie mit der verwegenen Kreuzung aus Seifenkiste und Lastenfahrrad auf Berliner Märkten auftauchen, und genau das ist der Zweck der Übung. Dabei dient das sonderbare Vehikel den kreativen »Schaustellerinnen« nur als Bühne für ihre eigentliche Attraktion. Die heißt »CulinARy MiSfiTs« und ist ein bunter Reigen wunderbar närrischer Obst- und Gemüsegestalten, wie man ihn so auf Märkten noch nicht gesehen hat.

Da stolzieren mehrbeinige Möhrchen über die Bretter, die die kulinarische Welt bedeuten, krumme Pastinaken-Monster probieren den Spitzentanz, und der herbe Charme von Rote-Bete-Riesen bricht lila Kartoffeln das knollige Herz. Mal schlängeln sich auch total verdrehte Gurken die Rampe entlang, unzertrennliche Tomaten-Zwillinge tanzen aus der Reihe, oder herrlich seltsam geformte Früchte reihen sich zur kulinarischen Chorus Line.

Fast könnte man glauben, Arcimboldo persönlich müsse seine Hand im Spiel gehabt haben bei diesem hinreißend komischen Spektakel. Und wer weiß, vielleicht war der Mailänder Maler seinerzeit ja ähnlich angetan von charaktervollen vegetarischen Sonderlingen, wie es heutige Marktbesucher sind. Diese reagieren jedenfalls wahlweise mit kindlicher Spielfreude auf den Anblick oder fühlen sich sehnsüchtig an die Früchte ihrer Kindheit erinnert. Ungewöhnliche »Showstars« sind aber nicht alles, was Tanja und Lea an ihrem Stand zu bieten haben. Das Unternehmen »CulinARy MiSfiTs« hält auch ganz außergewöhnliche Gaumenfreuden bereit. Wer davon kostet, bekommt es von Neuem mit den skurrilen Missgestalten zu tun; nur diesmal in bildschöne Leckereien verwandelt: als Pastinaken-Napfkuchen oder Rote-Bete-Schokotorte zum Beispiel, in Gestalt farbenfroher Semmelknödel, bunter Gemüse-

spieße oder sämiger Suppen, als pikantes Chutney, Rohkost oder Mixgetränk, alles natürlich aus kontrolliert ökologischem Anbau.

Es macht Spaß, die beiden jungen Frauen in Aktion zu sehen. Allein schon ihre Aufmachung mit blütenweißen Rüschenschürzen um die Hüften und farbig geblümten Schals im locker aufgebundenen Haar ist ein ziemlich vergnüglicher Anblick. Schön anzuschauen ist auch die offensichtliche Begeisterung, mit der die beiden bei der Sache sind.

Mit ihrem liebenswürdigen Charme bringen sie schließlich sogar das Kunststück fertig, dem Publikum etwas politischen Hintersinn zu servieren, ohne deshalb schwere Infokost aufzutischen. Dafür lässt Tanja zum Beispiel ganz zwanglos ins Gespräch einfließen, was es mit dem englischen Begriff »Misfits« für ihr Produkt auf sich hat. Der nämlich bedeutet so viel wie »etwas von der falschen Größe oder Form, unpassend in der Gestalt und mit störenden Eigenheiten, der Umgebung nicht angepasst, mit irritierender, bisweilen sogar verstörender Wirkung« und hat einfach keine passende deutsche Entsprechung.

Oder Lea kommt beiläufig darauf zu sprechen, dass es den Gemüseschönheiten normalerweise nicht erspart geblieben wäre, aussortiert und beseitigt oder sogar gleich auf dem Acker untergepflügt zu werden. In bekömmlichen Einzeldosen verabreicht sie Mitteilungen wie die, dass das Verschmähtwerden selbst beim Biobauern heutzutage das Schicksal fast jeder zweiten Ackerfrucht ist, weil der Handel Perfektion und Gleichförmigkeit verlangt, während die meisten Verbraucher inzwischen nur noch genormtes Allerwelts-Grünzeug kennen und daher die kleinen Launen der Natur als ungenießbare Mutanten beargwöhnen.

Zentnerweise liegen gelassene Sonderlinge gibt es auf Äckern in und um Berlin und dazu jede Menge verschmähte Reste auf Märkten. Tanja und Lea retten sie, präsentieren sie effektvoll und kochen was Hübsches daraus. So versteht jeder ganz leicht, welche Absichten das Unternehmen »CulinARy MiSfiTs« verfolgt und warum die beiden Frauen ausgerechnet die Abweichung von der Norm zu ihrer Geschäftsgrundlage machen: Sie wollen Verbraucher bewegen, die Vielfalt natürlich gewachsener Formen wieder als Normalzustand zu akzeptieren und den vorzüglichen Genusswert neu zu entdecken, den die krummen Früchte ihren geraden Artgenossen nicht selten sogar voraushaben.

Beide, Tanja Krakowski und Lea Brumsack, haben Produktdesign studiert, Lea an der Universität der Künste in Berlin, Tanja an der Potsdamer Fachhochschule für angewandte Wissenschaften. Ihre Zusammenarbeit haben die beiden Designerinnen Anfang 2012 begonnen. Ausgangspunkt für das gemeinsame Unternehmen war der erste »Misfits-Event«, den Tanja Ende 2011 in der Markthalle Neun in Berlin-Kreuzberg noch solo auf die Beine gestellt hatte. Die Aktion war der praktische Abschluss ihrer Bachelorarbeit unter dem Titel »CulinARy MiSfiTs« und zugleich das Ergebnis einer intensiven Auseinandersetzung mit Nachhaltigkeit in Produktdesign, Ernährung und Konsumverhalten.

In deren Verlauf hatte Tanja zunächst nach Produkten gesucht, die alle brauchten und die dabei niemandem schadeten, war auf das Thema Essen verfallen und sah sich alsbald mit der für sie unfassbaren Verschwendung wertvoller Lebensmittel konfrontiert. Sie forschte im Amsterdamer Restaurant/Designstudio »De Culinaire Werkplaats« weiter an der Schnittstelle zwischen nachhaltigem Design und Kulinarik und sammelte in der dortigen Küche gastronomische Erfahrung. Schmunzelnd erinnert sich Tanja an diesen Aufenthalt. Ihre gestalterische Arbeit fand dort zunehmend auf dem Esstisch statt, und weil sie dafür immer mehr Gemüseschalen verwendete, sprachen Künstlerkollegen schließlich nur noch als »Emma Peel« von ihr.

Nach und nach fand Tanja Krakowski immer mehr Belege dafür, dass das Ernährungsverhalten einer Gesellschaft, in der jeder nach Perfektion strebt – nach der perfekten Nase, der perfekten Haut, dem perfekten Partner – und wo derlei Ansprüche auch an Nahrung gestellt werden, zwangsläufig außer Kontrolle geraten müsse. »Wir scheinen vergessen zu haben, dass Gurken ursprünglich einmal krumm waren, Kartoffeln oft ganz schön ›knollig‹ aus der Erde kommen und Karotten durchaus auch mal drei ›Beine‹ wachsen können«, sagt sie und vermutet, bei manchen Gemüsesorten hätten wir darüber wohl auch vergessen, wie sie ursprünglich eigentlich schmeckten – völlig verblendet vom schönen Schein im Supermarkt.

Die Konsequenz aus dieser Erkenntnis hieß für sie, alles in ihrer Macht Stehende zu tun, damit dieser Irrweg nicht weiter beschritten wird und Konsumenten wieder anfangen, die ganze Ernte in all ihrer Verschiedenheit zu mögen und zu essen. Bei ihrer Suche nach Verbündeten auf diesem Weg stieß die junge Designerin unter anderem auf die Gründer von mundraub.org (hier in Kapitel 5 vorgestellt) und den Künstler Uli Westphal, in dessen Fotoserie »Mutatoes« sie die nahe Verwandtschaft ihrer »Misfits« erkannte (und der als Fotograf an diesem Buch keineswegs zufällig beteiligt ist), sowie schließlich auch auf ihre Fachkollegin Lea Brumsack.

Lea hatte ihr Studium 2009 mit einer Diplomarbeit zum urbanen Konsumverhalten abgeschlossen und beschäftigte sich in ihrem Projekt »RESST« auf ganz ähnliche Weise wie Tanja mit der Abfallproblematik bei Lebensmitteln. Genau wie Tanja hatte sich auch Lea schon früh in ihren Studien auf einen ganzheitlichen Ansatz und nachhaltiges Design konzentriert.

Als sich die beiden Frauen dann im Berliner Verein Sustainable Design Center endlich näher kennenlernten, stellten sie nicht nur viele Schnittstellen und parallele Ideen in ihren Arbeiten fest, sondern auch Einigkeit in allen Fragen, die das Essen betreffen können. Beide haben in ihren Familien Kochen und Essen als etwas schät-

zen gelernt, was Menschen aufs Schönste in Verbindung bringen kann. Beiden ist die Geselligkeit dabei besonders wichtig, das gemeinsame Kochen und Tafeln, das Teilen von Speisen und von Geschichten, Gefühlen und Erinnerungen und das Zelebrieren von sinnlichen Genüssen als Ausdruck von Wertschätzung für die wunderbaren Gaben der Natur.

Von ihrer Schwiegermutter in San Francisco, die eine leidenschaftliche Köchin ist, erzählt Tanja, diese sei maßgeblich an ihrer Vorliebe für Kulinarik beteiligt und gebe ihr bei jedem Aufenthalt dort neue Kostproben aus der lebendigen Kultur des kalifornischen fusion food.

Lea freut sich jedes Mal schon lange im Voraus auf die Vorbereitung des weihnachtlichen Festmahls, bei der in der Küche ihrer Eltern die ganze Familie kocht, brät, bäckt und palavert. Absolut faszinierend findet sie zudem die Kultur der Straßenküchen in anderen Ländern. Immer wieder fällt ihr auch die freundliche kleine Lehre ein, die ihr die Köchin eines indischen Haushalts einst erteilt hat. Es ging um Apfelkuchen für ihre Gastfamilie, und Lea hatte

dickschalig halbe Äpfel weggeschnitten. Da zeigte die Inderin lächelnd erst auf ihren Schalenberg und dann auf das kleine Häuflein dünner Schalen, das sie selbst übrig hatte, und es bedurfte keiner Worte, um zu verstehen, was das bedeuten sollte.

Den beiden gleich gesinnten Designerinnen erschien es daher als ziemlich naheliegender Entschluss, die Misfits-Aktion gemeinsam weiterzuführen und auszubauen. Und weil der erste Event den Kreuzberger Kiezbewohnern offenbar sehr gefallen hatte und ihnen gut im Gedächtnis haften geblieben war – eine Mutter hat zum Beispiel erzählt, ihre kleine Tochter habe noch wochenlang von der zweibeinigen Möhre geschwärmt, die sie bei dieser Gelegenheit mitnehmen durfte –, beschlossen Tanja und Lea kurzerhand, auch den einmal eingeführten Namen »CulinARy MiSfiTs« und Appelle wie »Esst die ganze Ernte!« oder »Esst Misfits!« am Stand und für ihre Internetseite beizubehalten.

Eigentlich, sagt Lea, gestalten wir mehr mit Essen, als wir primär kochen, und hat dabei zum Beispiel die kleinen Kühlschrankmagnete mit dem Misfits-Logo im Sinn oder die putzigen kleinen Windlichter aus recycelten Babygläschen. Wie auch bei der Präsentation des Speiseangebots der typische Geschirr-Eklektizismus ganzer Trödelläden zum Einsatz kommt – von unterschiedlichsten Gläsern und Blümchenporzellan bis zu den selbst bedruckten Packpapiertüten, in denen man gekaufte Misfits auch in die eigene Küche tragen kann.

Ein bisschen Sparsamkeit und Vintagestil, findet Tanja, hat doch genau den Charme, der zu den »Misfits« passt! Auf alle Fälle unterstreicht das noch einmal deutlich, wie viel Schönheit gerade in der Abweichung und der Variation liegen kann, statt alles aus einem Guss und gleichmäßig geformt aufzutischen: Teller, Tassen, Gläser, Obst und Gemüse!

Schräge **Pastinakensuppe**
mit Apfel-Chutney

Das wird gebraucht:
*(Reicht für 4 normale oder
6 kleinere Portionen)*

★ für die Suppe
1 Zwiebel
600 g Pastinaken
100 g Kartoffeln
Öl
1 l Brühe
Koriandersamen
Agavendicksaft
Saft **einer Zitrone**

★ für das Chutney
1 Zwiebel
3 Äpfel
Ingwer
ein ordentlicher Schuss
Weißwein oder
Apfelbalsamessig
4 TL Rohrohrzucker
eine Prise Kurkuma

So geht's:

Für die Suppe die Zwiebel abziehen, fein würfeln. Pastinaken und Kartoffeln waschen, schrubben und würfeln. Fein gemörserte Koriandersamen mit den Zwiebeln in etwas Öl glasig dünsten. Gemüsewürfel hinzufügen, andünsten, würzen. Gemüsebrühe angießen, aufkochen und zugedeckt gar köcheln lassen. Zum Schluss alles pürieren und mit Agavensirup und Zitrone verfeinern.

Für das Chutney die Zwiebelwürfel zusammen mit einer Messerspitze Ingwer in Öl glasig dünsten. Feine Apfelwürfel hinzugeben und mit Wein oder Essig ablöschen. Zusammen mit dem Zucker und der Kurkuma einköcheln lassen.

Das Chutney kann schon einige Tage im Voraus gekocht werden und ist gekühlt ca. zwei Wochen haltbar.

Misfits
am Spieß

Das wird gebraucht:
verschiedenste bizarr
gewachsene Gemüse
Öl
Essig
Senf
Agavendicksaft
Knoblauch
Salz und Pfeffer

So geht's:

Die Marinade wird aus einem Teil Öl, einem Teil Essig (oder Zitrone), etwas Agavendicksaft und zerdrücktem Knoblauch angerührt und mit Salz und Pfeffer abgeschmeckt.

Die Gemüse-Misfits werden (wahlweise quer oder der Länge nach) in dicke Scheiben geschnitten und einige Minuten in kochendem Salzwasser blanchiert. Nach dem Abkühlen sollen die Misfits-Scheiben einige Stunden in der Marinade ruhen, bevor sie dann entweder abwechselnd nebeneinander auf einem Holzspieß aufgereiht oder als längs geschnittene Figuren einzeln aufgespießt werden.

GUT ZU WISSEN:

Die dreifingrigen Betamöhren auf unserem Foto sind nicht nur sehr lecker. Sie machen auch »bella figura« als Dekoration von Tellergerichten und auf Buffets.

Das gilt auch für herzförmige Kartoffelscheiben in Gelb oder Lila und manch andere schräge Knolle. Die Marinade kann man vielfältig nach persönlichem Geschmack abwandeln.

Die meisten Kinder finden diese Gemüsemännchen am Stiel übrigens sofort zum Anbeißen! Einziger Nachteil: Es könnte sein, dass langweilig gerade Supermarktmöhren dann keine Chance mehr bei ihnen haben!

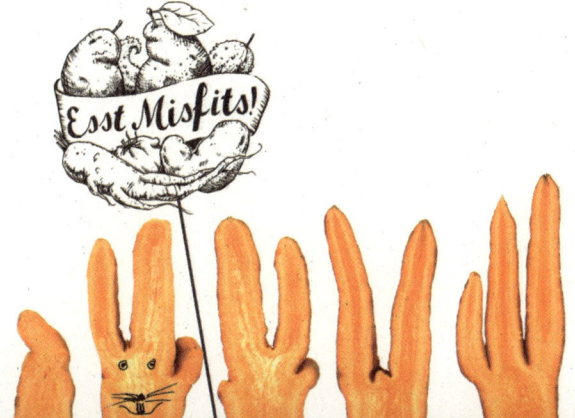

Esst Misfits!

Pummelige Knödel

weiß oder rot – auf knolligen Thymianmöhrchen

Das wird gebraucht:

★ für die weißen Knödel

200 g Semmelwürfel
250 ml Sojamilch
etwa 100 ml Brühe*
1 gehackte Zwiebel
frische Petersilie
etwas Öl
Salz, Pfeffer
frisch geriebener Muskat

★ dazu für die rote Variante

2 kleine Rote Bete
ein etwa 2 cm langes Stück
Ingwer
2 kleine Zehen Knoblauch
etwas Öl
1 Schalotte
1 TL frischer gehackter
Thymian
180 ml Brühe

ein Schuss Weißwein
1 EL Walnussöl
*(Diese Knödelbeimischung ist
übrigens auch toll als Soße!)*

★ für die Thymianmöhrchen

600 g knollige Möhrchen
etwas Senf
Koriandersamen
frischer Thymian
1/2 l Gemüsebrühe
2 EL Senf
1 Knoblauchzehe
500 g Möhren
Orangen oder Orangensaft
Rapsöl zum Anbraten

*Brühe machen wir am liebsten
selber aus Schnippelresten.
Dafür nehmen wir die ver-
schiedensten Gemüseschalen,
Blätter und Abschnitte und
kochen diese zusammen mit
Piment, Knoblauch, Lorbeer-
blättern, Salz und Pfeffer.
Ausdauerndes Einkochen und
ein paar Pilze, insbesondere
getrocknete, machen die
Brühe noch würziger. Diesen
Fond kann man portioniert
einfrieren und wunderbar für
die verschiedensten Rezepte
einsetzen!

So geht's:

Semmelwürfel in eine große Schüssel geben, die gehackte Zwiebel in Öl glasig andünsten, mit der Sojamilch sowie der Brühe ablöschen. Mit Salz, Pfeffer und Muskat würzen. Grob gehackte Petersilie dazugeben und die warme Mischung über die Semmelwürfel gießen. Bei Bedarf mehr Flüssigkeit oder Sojamehl (zum Binden) dazugeben. Etwa 10 Minuten ruhen lassen. Aus der Masse mit der Hand Knödel formen und diese 10–12 Minuten in nicht mehr kochendem Salzwasser garen.

Für die rote Variante vermischt man den Knödelteig mit folgender Zubereitung: Die Rote Bete zusammen mit dem Ingwer, den Zwiebeln und dem Knoblauch etwa eine Stunde zugedeckt im Ofen bei 220°C gar rösten. Danach pürieren. Die gehackte Schalotte zusammen mit dem Thymian in Öl etwa 4 Minuten andünsten. Die Brühe und den Wein zugeben und alles 10 Minuten offen köcheln lassen. Danach die reduzierte Brühe mit dem Rote-Bete-Püree vermischen und das Walnussöl dazugeben.

Die Möhren waschen und bürsten, dann in Scheiben schnippeln. Koriander- und Senfsamen im Mörser zerstoßen. Zusammen mit den Möhrchenscheiben in Öl andünsten. Mit Brühe ablöschen, mit dem Thymian vermischt leicht köcheln lassen. Nach ca. 15 Minuten mit (frisch gepresstem) Orangensaft ablöschen, Senf dazugeben und mit Knoblauch abschmecken.

Rote Bete färbt stark, lieber Handschuhe anziehen!

Dunkelrote

Schokotorte

Das wird gebraucht:
125 g dunkle Schokolade
3 mittelgroße Eier
300 g Zucker
240 ml Sonnenblumenöl oder
anderes Pflanzenöl
300 g gekochte Rote Bete
30 g Kakaopulver
200 g Mehl
1 Messerspitze Vanille
1½ TL Natron *(gibt es wie
Backpulver in Tütchen)*
1/4 TL Salz
Getrocknete Rote-Bete-Chips
zum Dekorieren

So geht's:

Den Ofen auf 175°C vorheizen. 3–4 große Rote Bete in Stücke
schneiden. In einen Topf mit so viel Wasser geben, dass die Rote
Bete gerade so bedeckt ist. Topf zudecken und langsam kochen,
bis die Stücke weich sind. Wenn nötig, während des Kochens
noch etwas mehr Wasser dazugeben. Die Bete soll nicht wässerig
werden, daher muss alles Wasser zum Schluss verkocht sein. Nach
dem Kochen wird die Bete im Mixer püriert und die benötigte
Menge abgewogen. Dann die Schokolade für den Kuchen im
Wasserbad schmelzen. In einer separaten Schüssel Eier, Zucker
und Öl mit dem Schneebesen vermischen. Die Rote Bete langsam
dazugeben und schließlich noch die geschmolzene Schokolade
sowie die Vanille daruntermischen. Nur so lange rühren, bis alle
Zutaten gerade so vermischt sind!

Das Kakaopulver, Mehl, Natron sowie das Salz sieben und unter
die Masse heben. Wieder nur grob vermischen. Am besten mit
der Hand arbeiten, nicht mit dem Rührgerät. Wir kneten mit den
Händen, weil die Teigkonsistenz damit besser zu kontrollieren
ist und weil es so mehr Spaß macht!

Eine runde Kuchenform mit Butter oder Öl einfetten. Den Teig
in die Form füllen und für etwa 30 Minuten backen. Die Backzeit
kann je nach Ofen und Kuchenform leicht variieren!

Für die Rote-Bete-Chips trocknet man hauchdünn gehobelte
Scheiben, entweder bei geringer Hitze (80°C) und geöffneter
Ofentür für ca. 4 Stunden im Ofen oder in einem Dehydrierappa-
rat. Oder einfach in der Sonne!

Gekrümmter

Pastinaken-Gugelhupf

34

So geht's:
Pastinaken und Äpfel dünn schälen und fein raspeln, Nüsse rösten, abkühlen lassen.

Den Backofen auf 180°C (Umluft 160°C) vorheizen. Backform ausbuttern. Eier trennen. Weiche Butter mit 2/3 des Zuckers schaumig schlagen. Dabei nach und nach das Eigelb unterrühren. Mehl mit Backpulver und Haselnüssen vermischen, auf die Buttercreme sieben, kurz unterheben.

Eiweiß mit einer Prise Salz zu steifem Schnee schlagen, dabei langsam den restlichen Zucker einrieseln lassen. Eischnee und Gemüseraspel abwechselnd unterheben und den Saft einer halben Zitrone dazugeben. Teig in die Form füllen und im heißen Ofen etwa eine Stunde backen. Gugelhupf auf ein Kuchengitter stürzen, abkühlen lassen und mit Puderzucker bestreuen.

Das wird gebraucht:
300 g Pastinaken *(gern so krumm gewachsen, wie Mutter Natur es wollte)*
100 g Äpfel
150 g gemahlene Haselnüsse
300 g weiche Butter
4 Eier
300 g Zucker
300 g Mehl
1 TL Backpulver
Salz
Zitrone

GUT ZU WISSEN:

Grundlage für unseren »Misfits-Kuchen« ist ein traditionelles Gugelhupf-Rezept, das wir hier mit bizarr gewachsenen Biopastinaken verfeinert haben. Mit ein wenig Mut zum Experiment lassen sich aber auch andere Misfits dafür verwenden. Topinambur und Birnen wären sicher ebenso einen Versuch wert wie die Verwendung von Dinkelmehl oder der Ersatz der Haselnüsse durch Walnüsse oder Erdmandelmehl, das man sich als Verwertung von Presskuchen zum Beispiel von der Ölmühle Hartlieb schicken lassen kann.

VINCENT KLINK

VOM EINFACHSTEN

DAS BESTE

Wielandshöhe

VOM EINFACHS- TEN DAS BESTE

Wenn Vincent Klink wie jeden Morgen die Küche seines Restaurants über den Lieferanteneingang betritt, schneidet er sich als Allererstes eine dicke Scheibe Brot ab. Und schmiert darauf eine dicke Lage Butter. Aber nicht irgendeine Butter. Er lässt sie sich eigens aus der Bretagne kommen, weil er nur dort die Rohmilch-Butter bekommt, die noch nach echter Butter schmeckt, wie er sie aus seiner Kindheit kennt. In Deutschland gibt es nur »Fettschmiere«, sagt er, »weil unsere Lebensmittelkontrolleure eine Krise bekommen, wenn sie Rohmilch hören«.

Sein Motto fasst er so zusammen: »Vom Einfachsten das Beste«. Trotzdem hat Vincent Klink seit 1978 einen Michelin-Stern. Oder vielleicht gerade deswegen. Kurzzeittrends wie die Molekularküche sind an ihm vorbeigegangen. Er hält es eher mit der Philosophie von Slow Food, wo er auch Mitglied ist. Ein guter Koch ist für Klink ein Verteidiger von natürlichen, unverfälschten Lebensmitteln, er kämpft deshalb auch gegen manipulierte, unehrliche Produkte. Kulinarischer Rebell zu werden war ihm nicht in die Wiege gelegt. Koch wurde er auf »Befehl« des Vaters: »Ich wollte eigentlich Künstler werden, aber er meinte: Da reicht dein Talent nicht.« Selbstverwirklichung war damals, Anfang der Sechzigerjahre, nicht angesagt: »Wenn einer nicht gespurt hat, gab's eine hinter die Löffel.«

Heute ist Vincent Klink der Star des ARD-Nachmittagsfernsehens. Er ist so rundlich, wie sich das Publikum einen Koch vorstellt, und redet so, wie ihm der Schnabel gewachsen ist. Wenn er erklärt, wie »Perlhuhn-Brüschte« zubereitet werden, dann klingt das urgemütlich und angenehm normal. Dazu die etwas zerzausten Haare, man nimmt ihm ab, dass er seinen eigenen Weg geht, konsequent und unbeirrt, und vor allem immer anders als die Mehrheit.

Sein Restaurant »Wielandshöhe« thront hoch über Stuttgart. Zwei Millionen Umsatz im Jahr. »Des muss wie am Schnürle laufe«, weiß Vincent Klink. Für das Räderwerk der Küche ist sein stellvertreten-

der Küchenchef Benjamin Widmann verantwortlich, er leitet die 25 Mitarbeiter an. Doch die Grundregeln in der Küche bestimmt der Chef. Wichtigste Grundlage für seinen Qualitätsanspruch ist die Beschaffung erstklassiger Lebensmittel.

»Mein Gemüse kommt hauptsächlich aus einer Demeter-Gärtnerei«, erklärt Vincent Klink. »Wenn etwas nicht vorhanden ist, auch vom Großmarkt.« Pilze, Schnecken oder wilde Kräuter wie Brunnenkresse aber bringen meist Sammler vorbei. »Deshalb habe ich auch keine Wochenkarte, weil das Fleischangebot oft variiert, auch Kräuter und Pilze sind nicht immer verfügbar.« Täglich geht er in seinen Trockenkeller und probiert, ob das Fleisch genug abgehangen ist.

»In Gourmetlokalen liegt der Wareneinsatz im Durchschnitt bei 40 bis 45 Prozent.« Das heißt im Umkehrschluss: Über die Hälfte der bestellten Lebensmittel wandert in die Tonne. Vincent Klink geht das gegen den Strich: »Bei mir bleibt nichts übrig, außer den Knochen.« Und selbst da nutzt er das Knochenmark, zum Gratinieren der Rinderfilets: »Auf das Fleisch ein wenig Semmelbrösel und

obendrauf eine Markscheibe, dann kurz in den Grill bei 300 Grad.«
Und was dann noch übrig bleibt, kocht er zu einem Fond ein.
Vincent Klink schüttelt sich bei dem Gedanken, dass »ein zentner-
schweres Tier geschlachtet wird, um davon nur ein paar Kilo Filet
zu verwenden«. Und das auch noch vakuumiert in Plastik einge-
schweißt, solche »Convenience« ist heute in den meisten Restaurants üblich: »Das gibt einen unangenehmen Milchsäuregeruch, der
dann mit Gewürzen überdeckt werden muss.«

Vincent Klink lässt sich deshalb ganze Schweinehälften anliefern,
die er dann freilich zerlegen und lagern muss: »Es gibt am ganzen
Tier nichts Minderwertiges«, so sein Credo. Zur Hand geht ihm
dabei Caroline Autenrieth: »Sie ist eigentlich gelernte Vikarin«,
betont er, während die zierliche Frau mit dem Hackbeil die Rippen
zerkleinert.

Wenn das Schwein zerlegt ist, wird das Fleisch zwei Wochen lang
im Keller getrocknet. Dabei verliert es zehn Prozent Gewicht: »Das
sorgt für einen intensiveren Geschmack und war früher so üblich,
aber heute machen es die Metzger nicht mehr, weil sie sagen, der
Kunde will es nicht bezahlen.« Der heutige Metzger verdient sein
Geld nicht mit Fleisch, sondern mit Wasser, witzelt er, »das ist
nicht billiger, sondern teurer«.

Die blonde Vikarin schneidet derweil den Bauchspeck: »So viel
Fett wollen die Metzger nicht, das kauft keiner. Aber Fett ist
ein Geschmacksträger.« Vincent Klink liebt Würste, »das ist das
klassische Resterezept für die ganzen Abschnitte, die kleinen
Fleischstückchen«. Auf der Karte der Wielandshöhe findet sich oft
die »Schwäbisch Gmünder Batzenwurst«. »Das ist schon ein ge-
wisses Risiko, wenn ein Restaurant mit einem Michelin-Stern eine
einfache Wurst anbietet«, ist sich Vincent Klink bewusst. Aber:
»Der Stern kümmert mich eigentlich nicht. Nur darauf hinarbeiten
macht die Seele kaputt, da verliert man sein Selbst.« Das sieht er
bei jungen ehrgeizigen Kollegen: »So was geht vielleicht zehn Jahre
gut, dann heben die ab.«

Wer so arbeitet, produziert genug Abschnitte, um nebenher noch
Würste für die Edelmarke »Echtwald« zu produzieren. »Reste, das
hat so einen minderwertigen Beigeschmack, aber das Gegenteil
ist der Fall: Abfall entsteht vor allem dort, wo mangelnde Sorgfalt
herrscht.« Sorgfalt, das bedeutet auch Vorbereitung und Lagerung.

Ein Gang durch die Trocken- und Kühlräume im Keller zeigt, wie planvoll der Spitzenkoch vorgeht. Im Regal stehen Gläser mit Kalbsbries im Fond neben Kutteln in saurer Soße, oder Lammjus und Rehsugo, alle säuberlich beschriftet. Vincent Klink findet das geschickter als Einfrieren: »Ich frier nichts ein, in der Truhe findet man nichts mehr, erkennt nicht mehr, was in den Tüten ist, und überlagert es.«

Die Verschwendungsgesellschaft begegnete ihm bereits während seines ersten Berufsjahrs als Koch, 1972 in München, auf dem Großmarkt: »Wenn in einer Kiste auch nur eine faulige Orange war, haben sie die ganze Kiste weggeworfen. Da haben wir uns versorgt.« Diese Sorgfalt hat er bis heute beibehalten. Von einem seiner Gemüselieferanten, der Behinderten-Dorfgemeinschaft Tennental bei Böblingen, bekommt er jedes Jahr rund 30 Kisten Obst geschenkt: »Wenn die Äpfel, Birnen oder Zwetschgen schon sehr reif sind, dann will sie ihnen der Handel nicht mehr abnehmen. Ich nehme es gerne, weil sie dann am leckersten sind. Man muss sie dann halt schnell einmachen.«

Das Personal hat das Prinzip Resteverwertung längst verinnerlicht: »Heute gibt's Hartweizen-Tagliatelle aus Apulien, gestern übrig geblieben, um die wäre es doch schade«, meint Benjamin Widmann, während ein Küchengehilfe etwas Eiweiß schlägt und ebenfalls übrig gebliebenes Gemüse klein hackt. »Das ist der Mittagstisch, den essen wir immer kurz bevor die Gäste kommen.« Die Grundregel des Chefs hat er sich auch zu eigen gemacht: »Weniger ist mehr.« Das heißt konkret: Nicht mehr als drei Aromen auf den Teller, und zwar so, dass man sie noch unterscheiden kann. Keine Geschmacksverstärker oder denaturierten Lebensmittel. Und alles so arrangiert, dass man es noch erkennen kann: »Wir verzichten auf Soßenstreifen oder gestapelte Türme, das gibt bloß Matsch im Teller.«

Wie kommt es, dass Vincent Klink so unbekümmert seinen Weg geht? Vielleicht, weil er nicht nur fürs Kochen lebt. Während das Personal zu Mittag isst, stapft er mit gemütlichen Schritten den steilen Weg hinter seinem Restaurant hinunter. Hier ist sein Garten, der sich Hunderte von Metern den Hang hinunterzieht. Mittendrin sein kleines Gartenhäuschen, ein Bett und rundherum Bücherregale mit den Büchern seines Großvaters. »Interessant ist, dass in den schwäbischen Kochbüchern die Maultauschen erst

ab etwa 1880 auftauchen.« Das schwäbische Nationalgericht ist demnach gerade mal 130 Jahre alt.

Einen Fernseher sucht man in seinem Häuschen vergebens. Stolz zeigt er das Buch des Philosophen Kant: »Kritik der praktischen Vernunft, Erstausgabe von 1796. Aber seit ich mit dem Musikstudium angefangen habe, bleibt keine Zeit mehr fürs Lesen.« So wie er jeden Tag in der Küche steht, übt er auch jeden Tag mit seiner Basstrompete. »Das Studium erfordert täglich drei bis vier Stunden Praxis. Und einmal die Woche muss ich in die Uni, da werde ich von dem Professor so was von getriezt.«

Warum tut er sich das noch an, mit seinen 63 Jahren? »Ich habe jahrelang an mir gezweifelt. Die Midlife-Crisis dauerte bei mir 15 Jahre. Aber der 60. Geburtstag war ein magisches Datum, da wurde mir klar: Jetzt bist du auf der Zielgeraden, jetzt musst du zum Punkt kommen.«

Wie geht das, wenn man fast jeden Tag im Fernsehstudio steht? »Man muss die Zeit genau einteilen«, antwortet Vincent Klink ernst, »ebenso wichtig wie die Arbeit ist die Zeit allein im Garten, die brauche ich zur Selbstheilung.«

Hier im Garten hat er auch drei Bienenvölker. Auf die Imker-Schutzkleidung verzichtet er, »die sind nicht so aggressiv«. Wenn er so dasteht, umschwirrt von Tausenden von Bienen, strahlt er eine große Ruhe aus.

In einem Blechtopf entzündet er einen alten ölgetränkten Lappen, den Rauch pustet er mit einem Blasebalg auf den Bienenstock: »Das beruhigt sie«, erklärt er, während er mit einem Imkermesser die Holzplatten, auf denen sich die Waben befinden, vorsichtig herauslöst. »Wenn das Wetter jetzt in der Blütezeit gut ist, können meine 40.000 Bienen gute zehn Kilo Honig am Tag sammeln.« Aber noch ist keine Erntezeit, die kommt erst ab Anfang Juni. »Da ist die Wabe einer neuen Königin, die muss ich entfernen, sonst haut mir das halbe Bienenvolk ab.«

Wer Honig verkauft, so die Vorschrift, muss ein Mindesthaltbarkeitsdatum auf das Glas drucken: »Das ist völliger Blödsinn, hier habe ich vier Jahre alten Honig, der schmeckt fast noch besser als der frische. Da geht nichts kaputt.« Vincent Klink ist sich sicher:

»Hinter den ganzen unsinnigen Regeln steckt die Industrie, die wollen, dass wir es möglichst schnell essen oder wegwerfen.« Auf dem Rückweg ins Restaurant erntet er Thymian, Salbei und Liebstöckel, »die brauchen wir gleich in der Küche«. Mitten im Garten speist eine Quelle einen großen Bottich: »Da leben 30 Bergmolche. Aber wenn es sehr heiß wird, nehme ich auch schon mal ein Bad darin.«

Eigentlich könnte Vincent Klink viel Geld mit Werbung verdienen. »Für die Lebensmittelvergifter?« Klink kann sich so richtig aufregen darüber, wenn Fernsehköche Werbung für Lebensmittelkonzerne machen. »Davor bewahren mich schon meine Freunde aus der Redaktion.« Gemeinsam mit Wiglaf Droste gibt er die Zeitschrift »Häuptling Eigener Herd« heraus: »Die würden mich verprügeln, wenn ich mich so wie der Lafer oder der Schuhbeck vermarkten würde.«

Jeden Freitag lädt seine Frau zum Stammtisch. Das Prinzip: Jeder zahlt 100 Euro, und das Geld wird für einen guten Zweck gespendet. Vincent Klink erzählt eine Geschichte von einem Stammtisch-Gast, den er mal in die Küche geführt hat. Dort war ein ganzer Kalbskopf, noch unzerlegt. Der Koch erklärt: »Für die Kalbskopf-Terrine braucht es den ganzen Kopf, Zunge, Backe und Maske.« Dem Gast entfährt: »Jetzt wo ich es gesehen habe, kann ich das Tier nicht mehr essen.« Die Antwort von Vincent Klink: »Bei mir ist es gerade umgekehrt, ich kann es nicht essen, wenn ich nicht gesehen habe, wie es vorher war.«

Salami

Das wird gebraucht:
2 TL gemörserter Fenchelsamen
1 kg rohes Schweinemett
1 EL Pastis
1/8 l Weißwein
Meersalz, Pfeffer
Schweinedarm

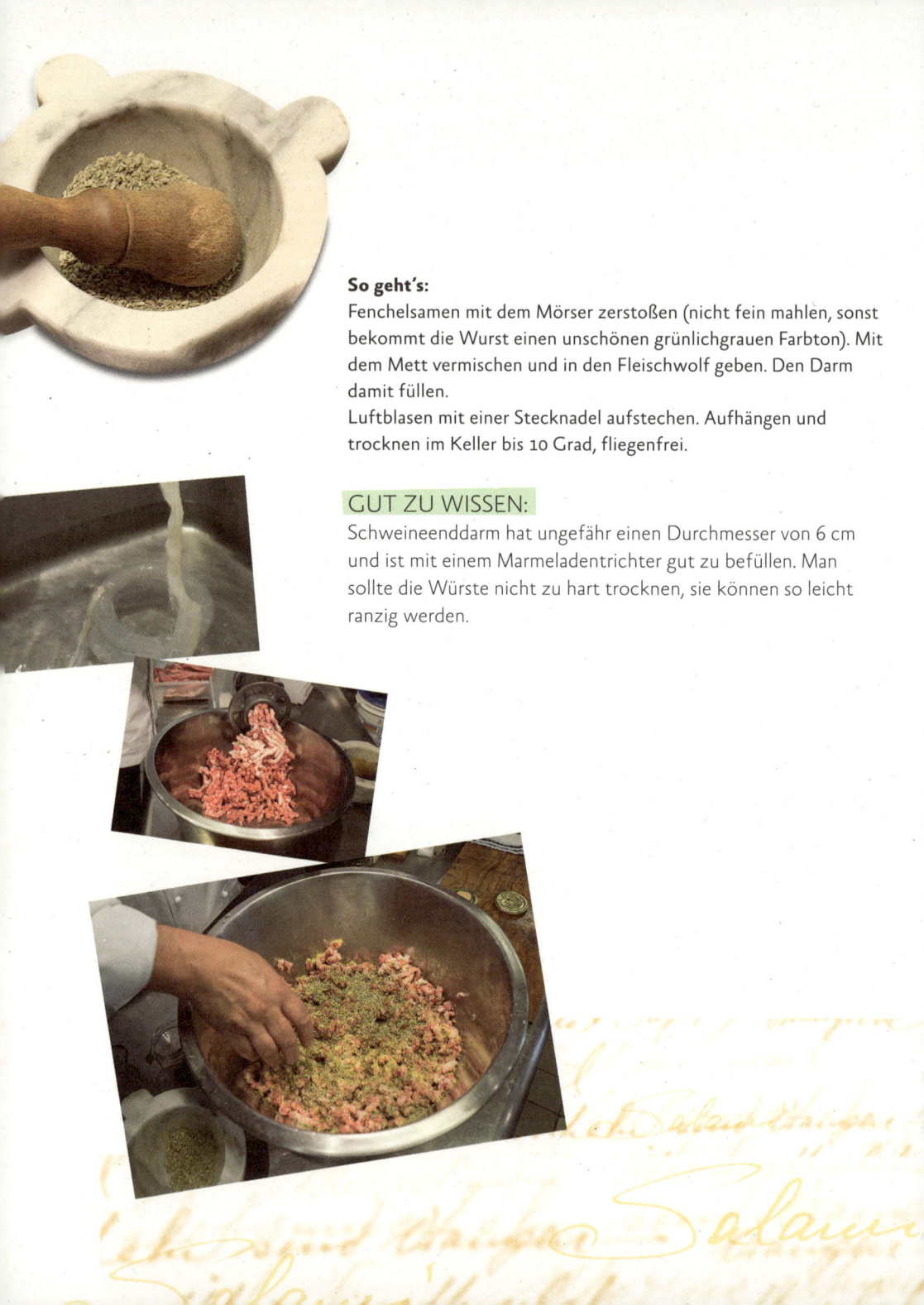

So geht's:

Fenchelsamen mit dem Mörser zerstoßen (nicht fein mahlen, sonst bekommt die Wurst einen unschönen grünlichgrauen Farbton). Mit dem Mett vermischen und in den Fleischwolf geben. Den Darm damit füllen.

Luftblasen mit einer Stecknadel aufstechen. Aufhängen und trocknen im Keller bis 10 Grad, fliegenfrei.

GUT ZU WISSEN:

Schweineenddarm hat ungefähr einen Durchmesser von 6 cm und ist mit einem Marmeladentrichter gut zu befüllen. Man sollte die Würste nicht zu hart trocknen, sie können so leicht ranzig werden.

Salami

Salami

Koteletts vom Herrmannsdorfer Schwein

mit Rotweinzwiebeln

Das wird gebraucht:
2 Schweinekoteletts
2 rote Zwiebeln
1 EL Butterschmalz
1 EL Himbeeressig
1/4 l Rotwein
20 g Butter
1 TL Puderzucker
etwas Salz, Pfeffer
1 Prise Zucker

So geht's:
Geschälte und in Scheiben geschnittene Zwiebeln in Butterschmalz anschwitzen und mit Himbeeressig und Rotwein auffüllen. Mit Salz, Pfeffer und Zucker abschmecken und einkochen,
bis die Zwiebeln weich sind und alles eine cremige Konsistenz
besitzt.

Koteletts mit Pfeffer aus der Mühle und Meersalz würzen und
in Butter von beiden Seiten sanft jeweils 4 Minuten rosa braten.
Danach salzen.

Die Koteletts auf Tellern anrichten, die eingekochten Zwiebeln
daraufsetzen und das Zwiebelconfit darüber verteilen.

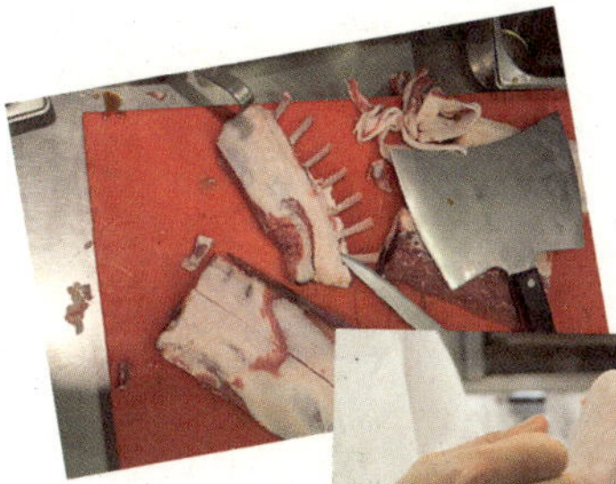

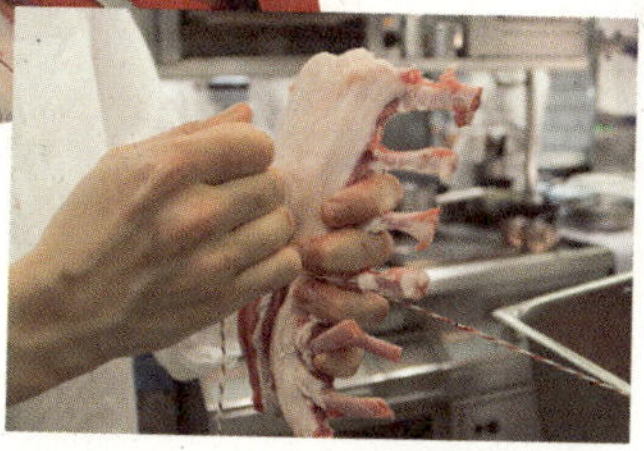

Schweinekotelett

Schweinekotelett

Schweinekotelett

Safransülze

von Meeresfischen und Bio-Garnele

Sülze

Sülze

Sülze

Das wird gebraucht:
100 ml klarer Fischfond
10 ml Apfelessig
1 Blatt Gelatine
1/2 TL Orangenschalenabrieb
verschiedene **Stückchen** von
Meeresfischen
2 Bio-Garnelen
1 gespickte Zwiebel
*(Lorbeerblatt und Gewürznelke
auf eine halbe Zwiebel spießen)*
10 g Gemüserauten *(Karotte,
Sellerie, Lauch)*
Salz, Pfeffer
Piment d'Espelette *(eine
französische Chili-Sorte)*
einige Safranfäden

So geht's:
Fischfond mit Apfelessig und Safran aufkochen, mit Salz, Pfeffer
und Piment d'Espelette abschmecken und eingeweichte Gelatine
zugeben.

Fischstückchen und Garnelen in Salzwasser mit einer gespickten
Zwiebel pochieren, entnehmen und kühl stellen. In Rauten ge-
schnittenes Gemüse im selben Würzwasser ebenfalls weich abko-
chen. Fond mit Fischstückchen, Garnelen und Gemüse vermengen,
in eine Silikonform geben und erkalten lassen.

GUT ZU WISSEN:
Mit diesem Rezept können Fischreste (z. B. Bauchlappen) und
alle Abschnitte gut verwertet werden, das hat jedoch nichts
mit Abfall zu tun, sondern mit wirklich frischem Fisch.

Florentiner

auf Meringue perdu

Das wird gebraucht:

★ **für die Meringue perdu**

90 g Zucker
150 g Eiweiß

★ **für die Florentiner**

180 g Sahne
600 g Butter
375 g Mandelblättchen
6 EL Honig
125 g Zitronat
125 g Orangeat
350 g Mehl

So geht's:

Eiweiß schlagen, mit Zucker vermischen. Auf Blech (mit Antihaft-papier bedeckt) spritzen, Ofen 120°C Umluft , nach 5 Minuten auf 70°C runterdrehen und über Nacht anlassen (eher weniger als mehr Temperatur).

GUT ZU WISSEN:

Das Verhältnis von Zucker und Eiweiß muss genau stimmen. Beim Kochen bleibt oft Eigelb übrig – daraus kann man eine schöne Sauce hollandaise machen.

Vorsicht, es gibt auch Mandelersatz – guckt man genau hin, sind es in Blättchen geschnittene Erdnüsse.

So geht's:

Sahne, Butter und Honig aufkochen, dann alles andere darunterrühren.

In kleinen Klecksen auf ein gefettetes Blech (noch besser: Antihaftpapier) geben und 7–10 Minuten backen. Danach auf dem Blech auskühlen lassen.

DINNER EXCHANGE BERLIN

MENU SURPRISE

FÜR 30 GÄSTE

ESSEN NACH MARKTLAGE

Samstagabend in Berlin: Sonst herrscht hier Ruhe am Ende des Markttages. Wer in der Markthalle Neun an der Kreuzberger Eisenbahnstraße um diese Zeit noch schnell die Abkürzung zu Netto durch den großen Quergang nimmt, findet die Halle für gewöhnlich leer vor.

Heute ist das anders. Hinten in der Ecke leuchtet noch eine der großen Jahrmarktslichterketten. Ihr gedämpftes Licht fällt auf eine Reihe weiß gedeckter, stimmungsvoll mit Blumen und Kerzen geschmückter Biergartentische. Leise tönt Musik aus zwei kleinen Boxen. An der langen Tafel haben an die 30 Gäste Platz genommen. Erwartungsvoll schauen sie die beiden jungen Frauen an, die gerade an das obere Ende der Tischreihe getreten sind: eine mit langen schwarzen Locken, die andere mit hochgesteckten hellen Haaren, beide festlich gekleidet und das Glas in der Hand erhoben.

Uneingeweihte Betrachter würden ein Festessen unter Freunden oder eine Geburtstagsfeier vermuten. Doch die Tischgesellschaft, die Sarah Mewes und Sandra Teitge an diesem Abend zum Essen willkommen heißen, ist kein Freundeskreis und der Anlass für ihre Zusammenkunft keine private Feier. Was die beiden hier veranstalten heißt »Dinner Exchange« und dreht sich im Kern darum, den dazu eingeladenen Gästen ein mehrgängiges Menu aus Überbleibseln von Berliner Märkten zu servieren. Dabei wissen die beiden Resteköchinnen bis zum frühen Abend des Vortages nicht, was es am nächsten Tag zum Essen geben wird. Und die per Internet angemeldeten Teilnehmer kennen vorher zumeist weder ihre Tischgenossen noch ihre Gastgeberinnen.

Diese Art der geselligen Restverwertung habe sie in London kennengelernt, erzählt Sarah. Sie arbeitet seit Kurzem als Wirtschaftsjournalistin in der britische Metropole. Dort lädt eine Freundin schon länger regelmäßig zum »Dinner Exchange« ein, und Sarah fand die Idee dahinter auf Anhieb gut. In Großbritannien sei das Thema Lebensmittelverschwendung seit Jahren in der

Öffentlichkeit, sagt sie, im Parlament werde sogar schon diskutiert, Supermärkten das Wegwerfen per Gesetz zu verbieten. Als sie im Oktober 2011 in Berlin mit Sandra zusammensaß, fassten die beiden Freundinnen spontan den Entschluss, »Dinner Exchange Berlin« zu gründen.

Das war im Café »Kunstwerk« in Mitte, erinnert sich Sandra. Ein guter Ort für solche Ideen, weiß die vielseitig engagierte Kulturarbeiterin. Das kreative Klima der Auguststraße hat sie während ihrer Arbeit für die Berlin Biennale schätzen gelernt, und sie kennt nicht wenige Künstler und Künstlerinnen, die die Wegwerfmentalität der Konsumgesellschaft in ihren Werken kritisch reflektieren.

Sarah Mewes und Sandra Teitge sind seit ihrer Schulzeit an der englischsprachigen John-F.-Kennedy-Schule in Berlin befreundet, und beide haben ungefähr zur gleichen Zeit in Großbritannien studiert. Sie können sich aufeinander verlassen, wenn es um gemeinsame Pläne geht. Deswegen hat keine von ihnen lange gezögert, den gemeinsamen Beschluss in die Tat umzusetzen, obwohl Sandra an dem Tag im »Kunstwerk« gleich wieder zur Arbeit eilen musste und Sarah nur alle paar Wochen in Berlin sein kann. Sandra räumte kurzerhand den großen Tisch zu Hause im Atelier ihres Freundes für das erste Resteessen frei. Das ging, weil der aus den USA stammende Künstler damals gerade auf Reisen war. Sarah stürzte sich erst mal in die Zahlen und fing an, Daten über Lebensmittelverschwendung in Deutschland zu suchen. Sie fand so gut wie nichts. Doch immerhin war der Film »Taste the Waste« gerade in die Kinos gekommen. Die Diskussion über die darin dokumentierten Fakten zog allmählich immer weitere Kreise, und so traf Sarahs Frage nach Resten auf offene Ohren. Das ging auch Sandra so, die vorsichtshalber schon mal bei verschiedenen Markthändlern vorgefühlt hatte. Schließlich war alles so weit vorbereitet, Sarah verschickte von London aus Einladungen per E-Mail, fürs Erste vor allem an ihre Freunde und Bekannten, und Dinner Exchange Berlin nahm seinen Lauf.

Gleich der erste Abend war ein großer Erfolg, und sobald sich das von da an allmonatlich wiederkehrende Ereignis herumgesprochen hatte, wurde es jedes Mal enger am Tisch. Die Veranstaltung zog deshalb erst in ein Lokal in Sandras Nachbarschaft um und auf Einladung von Nikolaus Driessen von der Kreuzberger Kiezinitiative schließlich in die Markthalle Neun an der Eisenbahnstraße. Kompliziert ist es eigentlich nicht, so ein konsumkritisches Event auf die Beine zu stellen, findet Sandra. Doch etwas Mut zum Risiko und die Bereitschaft, den nötigen Aufwand für den guten Zweck zu treiben, brauche man schon. Ein wenig scheint die beiden aber auch das kulinarische Abenteuer dabei zu reizen. Schließlich wollten sie nicht bloß beliebige Gemüsepfannen zusammenrühren oder sattsam Bekanntes auf die Teller bringen, sagt Sarah. Vielmehr sollen ihre Gäste auch Geschmack daran finden, welch ungewöhnliche Gerichte sich aus Resten herstellen lassen, und ruhig auch mal gewagtere Kombinationen probieren.

Manches organisiert Sarah bereits von London aus über das Internet, Anfragen beantworten, Anmeldungen bestätigen und nach jedem Dinner den Blog mit Fotos und Berichten aktualisieren zum Beispiel. In Berlin ist dann selbst in der Küche ständig ein Laptop online, um schnell auf letzte Zu- oder Absagen reagieren zu können, während das Essen schon auf dem Feuer steht.

Kurzfristige Änderungen der Gästeliste bringen die beiden nervenstarken »Stand-up-Köchinnen« allerdings kaum aus der

Ruhe. Da müssen schon ganz andere Sachen passieren, sagt Sarah und erklärt, wie ihre Planung und Vorbereitung für den Dinner Exchange ablaufen. Am späten Freitagnachmittag treffen sich die beiden Frauen als Erstes zur großen Restesammlung. Mit geräumigen Taschen auf dem Fahrrad klappern sie Läden und Märkte wie den am Maybachufer oder auf dem Winterfeldtplatz ab.

Sobald klar ist, was übrig war, kommt der kreative Teil der Vorbereitung. Jetzt muss es schnell gehen. Nachdem einmal über die Speisenfolge für den nächsten Abend entschieden ist, bleibt nur wenig Zeit, vor Geschäftsschluss noch Fehlendes dazu zu besorgen, besondere Gewürze zum Beispiel, Olivenöl oder Nudeln. Dafür ist am nächsten Tag wenig Gelegenheit, denn bis zu 30 Personen ein mehrgängiges Menü aufzutischen, fordert nicht nur reichlich Vorbereitungszeit, sondern auch ungeteilte Aufmerksamkeit.

Die beiden sind inzwischen ein gut eingespieltes Team. Pleiten, Pech und Pannen gibt es natürlich trotzdem, räumt Sandra ein und fügt hinzu, das sei eben so bei einer Unternehmung mit vielen Unbekannten. Lachend erzählt sie von einem der ersten Termine, wo sie am Freitag fast 60 Interessenten auf der Liste hatten, abends nach Marktschluss aber zunächst nicht viel mehr als ein paar Gurken in der Tasche. Da war dann eiliges Rumradeln und zusätzliche Sammelaktivität gefragt. Sarah schüttelt sich jetzt noch, wenn sie an die kläglich missratenen Bananenchips denkt, für die sie bei einer anderen Gelegenheit in letzter Minute präsentablen Ersatz aus dem Hut gezaubert haben, um das pappige Zeug hinterher tapfer selbst zu vertilgen.

Auch das erste Dinner in der Markthalle Neun hielt einigen Nervenkitzel bereit. Da war schon am Tag zuvor die Ladung aussortierter Honigmelonen vom Maybachufer derart schwer gewesen,

dass Sandra die Tasche damit über Nacht in einem Gebüsch parken musste und heilfroh war, sie anderntags unversehrt bergen zu können. Am Samstagmorgen stellten sich die Tomaten als zu weich für den eingeplanten Salat heraus, und der rettende Einfall, sie stattdessen püriert zu verwenden, konnte erst zur Tat werden, nachdem ein privater Pürierstab herbeigeholt war.

Sarah meint, in solchen Situationen mache sich die gute Kombination ihrer Temperamente bezahlt. Sie dächten beide praktisch und lösungsorientiert und blieben selbst in relativem Chaos ziemlich ruhig. Das hat sich an diesem Abend einmal mehr bewährt: Als die Gäste eintrafen, waren alle kleinen und größeren Katastrophen des Tages vergessen. Mit der tatkräftigen Unterstützung zweier freiwilliger Küchenhelfer kamen schließlich nacheinander ein roter Gazpacho, Brokkoliröschen im Sesammantel und dazu ein pikanter Mango-Dip, Pasta al Honigmelone mit frischem Koriander und schließlich Apple Crumble mit rosa Pfeffer auf den Tisch. Dazu gab es Getränkespenden vom Stand einer Weinhandlung in der Markthalle Neun, ausgemusterte Biolimonade, deren einziger Fehler ein zu hoher Fruchtfleischanteil war, und reichlich übrig gebliebenes Brot von einem der Biobäcker der Halle.

Ohne den Verweis auf die speziellen Rohstoffquellen würde wahrscheinlich niemand bei diesen Essen an Abfall denken. Aber gerade darum geht es ja beim Dinner Exchange, auf den Überfluss aufmerksam zu machen und über die Konsequenzen von Lebensmittelverschwendung zu sprechen. Deshalb steht die Herkunft der verwendeten Zutaten immer im Mittelpunkt der kleinen Ansprache, mit der Sarah und Sandra das Tischgespräch des Abends eröffnen.

Wer die beiden Gründerinnen von Dinner Exchange nach persönlichen Bezügen zum Thema fragt, bekommt Antworten, die zugleich das politische und moralische Fundament ihres Projekts sichtbar werden lassen. Sarah spricht in diesem Zusammenhang zum Beispiel die globale Ressourcenverteilung an. Sie ist in Togo aufgewachsen, wo ihre Eltern als Entwicklungshelfer arbeiteten. Vor allem aber weiß sie als Wirtschaftsjournalistin viel über den fatalen Wirkungszusammenhang, der das Wegwerfen von Lebensmitteln und die Börsenspekulation mit Agrarrohstoffen in den Industrieländern mit dem Entstehen von Nahrungsmittelkrisen in Entwicklungsländern verknüpft.

Für Sandra war Lebensmittelverschwendung tabu, so lange sie zurückdenken kann. Sie ist nicht sicher, ob das nur mit ihrer DDR-Vergangenheit zu tun hat. Jedenfalls kann sie sich nicht erinnern, dass in ihrer Familie in Berlin-Köpenick je etwas weggeworfen wurde. Daher muss es wohl kommen, dass allzu volle Kühlschränke Sandra nervös machen. Eine innere Stimme lässt ihr dann so lange keine Ruhe, bis sie alles verkocht und verwertet hat und nichts mehr ungenutzt vergammeln kann, sagt sie.

Trotz allem geht es den beiden engagierten Essensretterinnen nicht nur um den Austausch über solche Fragen. Mindestens ebenso sehr wünschen sie sich, dass ihre Gäste den Abend als genussvolles, angenehm geselliges Ereignis in Erinnerung behalten. Damit der auch ganz unmittelbar einem guten Zweck dienen kann, lassen Sarah und Sandra zum Schluss den Spendentopf herumgehen. Der jeweilige Ertrag der Veranstaltung kommt dann zum Beispiel gemeinnützigen Organisationen wie Slow Food zugute, finanziert eine Beetpatenschaft in einem Gemeinschaftsgarten oder fördert Projekte, in denen gemeinsam mit Kindern gegärtnert und gekocht wird.

Gazpacho
nach Marktschluss

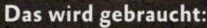

Das wird gebraucht:

(Reicht als Vorspeise für bis zu 30 Dinnergäste)

20 Tomaten *(mittelgroß)*
2 Salatgurken
2 Paprikaschoten
4 Zwiebeln
5 Knoblauchzehen
1 l Brühe
250 ml Olivenöl
200 ml Balsamico
Salz
Pfeffer

So geht's:

Tomaten, Gurken und Paprika waschen und in kleine Stücke schneiden. Zwiebeln abziehen, Knoblauchzehen schälen und beides in Scheiben schneiden. Alles zusammen mit Öl, Essig und zwei Dritteln von der Brühe im Mixer pürieren. Nach Bedarf noch etwas mehr Brühe dazugeben. Mit Salz und Pfeffer abschmecken. Beim Servieren kommt eine gut gefüllte Schöpfkelle pro Person auf die Teller.

GUT ZU WISSEN:

Je nachdem, was vom Markttag übrig blieb, schmeckt die spanische Gemüsekaltschale auch mit anderem Gemüse gut. Grün statt rot wird sie beispielsweise mit Gurken, grüner Paprika, Blattsalaten und Kräutern – einfach ausprobieren und die individuelle Variante nach Geschmack gewürzt genießen!

Frittierte
Brokkoliröschen
mit Mango-Dip »à la Maybach«

Das wird gebraucht:

(Reicht als zweiter Gang für bis zu 30 Dinnergäste)

★ für die Brokkoliröschen

10 Brokkoliköpfe
10 kleine Eier
500 g Sesamkerne
Öl zum Braten

★ für den Mango-Dip »à la Maybach«

10 – 12 Mangos
1 großes Stück Ingwer
2 Zwiebeln
3 – 4 Orangen

So geht's:

Zuerst den Dip herstellen: Mangos schälen und in Stücke teilen. Ingwer und Zwiebeln in kleine Stücke schneiden, Orangen schälen und die Segmente einmal durchschneiden.

Alle Zutaten in einem Topf aufkochen und auf kleiner Flamme langsam weich köcheln lassen. Zum Schluss leicht pürieren, sodass ein geschmeidiges Mus entsteht.

Die Brokkoliköpfe in kleine Röschen teilen und 5 Minuten in kochendem Salzwasser blanchieren. Die abgekühlten Röschen in Ei und Sesamkernen wälzen und in Öl rundherum goldbraun braten. Vor dem Servieren auf Küchenkrepp abtropfen lassen, damit sie auf den Tellern nicht in Öl schwimmen. Zum Servieren je 4–5 Brokkoliröschen neben einem Klecks Dip anordnen – et voilà!

Kürbisblume
auf der Wirsingwiese

Das wird gebraucht:
*(Reicht als Hauptgang für
bis zu 30 Dinnergäste)*

2 große Kürbisse
6 EL Sesamkerne
2 große Köpfe Wirsing
1½ – 2 l Gemüsebrühe
10 Kakifrüchte, Äpfel oder
Orangen
Salz, Pfeffer
nach Geschmack etwas
Sesamöl für den Kürbis und
wahlweise **250 g** Butter und
den Abrieb der Orangen
(sofern ungespritzt)
oder **5 TL** Macisblüte
oder **5 TL** geriebene
Muskatnuss

Orangen-Blume

Kakifrucht-Blume

So geht's:

Für das Kürbismus die Kürbisse schälen (falls überhaupt nötig; die Schale des Hokkaido-Kürbisses kann mitgegessen werden) und in Stücke schneiden. In nur leicht gesalzenem Wasser weich kochen. Gegarte Kürbisstücke mit dem Pürierstab zu einem nicht zu dünnen Mus schlagen und später mit Sesamkernen (einen Esslöffel zum Garnieren zurückbehalten), eventuell auch etwas Sesamöl sowie Salz und Pfeffer abschmecken.

Den Wirsing in Streifen schneiden (Strünke kann man grob dazuraspeln) und in kochender Brühe im geschlossenen Topf etwa 10 Minuten dämpfen. Erst nur wenig Brühe in den Topf geben und gegebenenfalls nachfüllen. Die Flüssigkeit soll schon vollständig verkocht sein, wenn der Wirsing noch knackig ist. Den warmen Wirsing in einer großen Schüssel in der geschmolzenen Butter schwenken, die je nach Geschmack mit Macisblüte, Muskatnuss oder geriebener Orangenschale aromatisiert ist. Im letzteren Fall den Kohl zusätzlich mit etwas Orangensaft beträufeln.

Zum Servieren die vorhandenen Früchte in dünne Scheiben schneiden (die eventuell noch einmal halbiert werden können). Auf jedem Teller etwas von dem Wirsing verteilen. Die Fruchtscheiben in Blütenform anordnen, mit zwei Esslöffeln oder einem Eiskugelportionierer eine Portion von dem Kürbismus daraufsetzen und mit ein paar Sesamkernen garnieren.

GUT ZU WISSEN:

Toll schmeckt der Wirsing auch, wenn man ihn nur kurz in Salzwasser gart, abgießt und dann mit Safran aromatisiert. Wir konnten bei einem Dinnerabend dafür ausnahmsweise mal großzügig mit dem teuren Edelgewürz umgehen und haben aus unseren günstig erstandenen Vorräten volle zehn Teelöffel spendiert. Die oben beschriebenen Zubereitungen sind aber ebenso köstlich und sehr viel budgetfreundlicher!

Apple Crumble

mit rosa Kick

Das wird gebraucht:
*(Dessert für bis zu
30 Dinnergäste)*

15 mittelgroße Äpfel
*(oder gleiches Gewicht anderer
Früchte »nach Marktlage«)*
250 g Butter
200 g brauner Zucker
150 g Mehl
rosa Pfeffer

So geht's:

Für den Apple Crumble die Äpfel ungeschält, aber ohne Kerngehäuse in dicke Spalten schneiden und dachziegelartig auf einem gebutterten Backblech oder in einer großen eckigen Backform anordnen.

Die Butter und den Zucker in eine Vertiefung im Mehl geben und alles mit den Händen schnell zu einer krümeligen Mischung verarbeiten. Die Krümel gleichmäßig über die Früchte verteilen und bei 180°C für ca. 35 Minuten in den Ofen schieben. Noch warm mit einer Prise zerstoßenem rosa Pfeffer bestreuen und in kleinen Portionen servieren.

GUT ZU WISSEN:

Crumble ist so einfach herzustellen, dass er praktisch immer gelingt (außer, man lässt ihn anbrennen, weil die Tischgespräche so fesselnd waren) und bei Dinnergästen bestens ankommt.

Noch besser schmeckt's mit etwas kalter Sahne oder einem kleinen Klecks gekühlten Frischkäses dazu. Vor allem aber eignen sich sehr viele verschiedene Obstsorten dafür – neben Äpfeln zum Beispiel auch Kirschen, Stachelbeeren, Pflaumen, Birnen und sogar Pfirsiche! Und ein kleiner »rosa Kick« ist eigentlich auch nie verkehrt.

MILENKO GAVRILOVIC

TIERE ESSEN? GANZ ODER GAR NICHT!

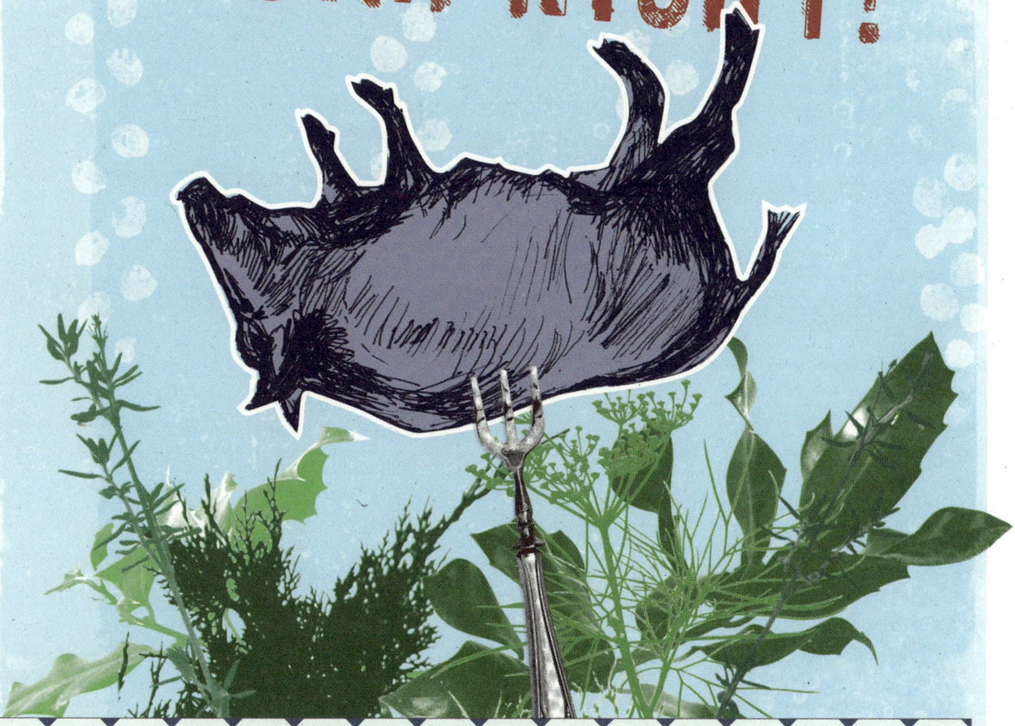

marseille

DIE FREIHEIT, ANDERS ZU ESSEN

Frühmorgens auf der Hamburger Hafenmeile. Milenko Gavrilovic und Adam Schmidhuber beginnen ihren Arbeitstag bei Bibo. Milenko ist Chef dreier Restaurants in Hamburg, Adam sein Küchenchef im ältesten davon, dem »Marseille«, schräg gegenüber vom Fischmarkt, und Bibo ihr bevorzugter Fischhändler.

In der Halle lässt Milenko kurz den Blick über das Tagesangebot schweifen, dann begrüßt er den breitschultrigen Kahlkopf mit der Wachstuchschürze: »Du bist teuer wie immer, Bibo, aber dafür auch der Beste!« Der sagt dazu nichts, nickt nur zufrieden. »Fischkauf ist Vertrauenssache«, versucht Milenko noch einmal, das Gespräch in Gang zu bringen, »und dir kann ich einfach hundertprozentig vertrauen.« Der Fischhändler bleibt stumm, deutet aber mit dem Kopf auf das überlebensgroße Foto an der gekachelten Wand. Es zeigt ihn und zwei Kollegen unter der Überschrift »Die Berater«. So finster, wie die drei da ausschauen, lehnt man ihre Vorschläge wohl tatsächlich besser nicht ab. »Ich sag ihm, was ich habe und was er nehmen soll, und darauf hört er«, knurrt Bibo wie zur Bestätigung, grinst dabei aber so breit, dass er quer ins Fischbrötchen beißen könnte.

Für die Küche des »Marseille« fällt die Wahl an diesem Morgen schließlich auf Rotbarben, Meeräschen und Tintenfisch. »Gib mir noch die Kiste mit den Abfällen vom Filetieren mit, die kommen gerade recht für die Bouillabaisse«, bittet Adam noch, dann sind sie für heute fertig hier und verlassen die Halle Richtung Restaurant. Milenko Gavrilovic stammt aus Bosnien, und das Restaurant hier am Hafen war vor sechs Jahren sein erstes als selbstständiger Gastronom in Hamburg. Chefkoch Adam ist Serbe und leitet das internationale Küchenteam, zu dem auch ein Koch aus Frankreich zählt. »Ich liebe die französische Art zu kochen und besonders die Mittelmeerküche«, schwärmt Milenko, »und ich mag das Flair von Seehäfen.« Im »Marseille« verbindet er beides mit seiner Vorstellung von nachhaltiger Esskultur.

In Gestalt der berühmten Fischsuppe namens Bouillabaisse zum Beispiel, die am Ort ihrer Herkunft eine altbewährte Art der Resteverwertung ist. Dass sie hier weit oben auf der Karte steht, ist also nicht nur Milenkos Liebeserklärung an die südfranzösische Hafenmetropole. Es sorgt auch für eine schmackhafte Verwendung von allem, was nicht als Filet serviert wird und anderswo einfach im Abfall landen würde.

Die beste Bouillabaisse hat der Restaurantgründer in Marseille im alten Viertel der Seeleute und Huren gefunden. Mehrmals ist er mit seinem Team in die französische Stadt am Mittelmeer gereist und hat dort so lange probiert, bis sie ungefähr wussten, wie die im Hamburger Restaurant sein sollte. Mit diesem typisch mediterranen Geschmack auf der Zunge, dem Franzosen im Team und dem frischen Fisch von Bibo haben sie dann ihr eigenes Rezept entwickelt.

So eigen und besonders ist auch die übrige Speisekarte im »Marseille«. Was es hier mittags und abends zu moderaten Bistro-Preisen und in verschiedenen Portionsgrößen nach Wahl zu essen gibt, ist kein kulinarischer Schnickschnack, sondern beruht auf frischen Zutaten, die solide verarbeitet und einfallsreich kombiniert sind. Nur das bestellte Fleisch fehlt heute noch, damit Adam die speziellen Gerichte anbieten kann, die das »Marseille« inzwischen berühmt gemacht haben. Den Wildgulasch nach Szegediner Art zum Beispiel, den der Serbe von seiner Großmutter kennt und liebt, die hausgemachte Wildpastrami, die zusammen mit der Meeräsche serviert wird, oder die Wildpraline in der »Tintenfisch-Umarmung« mit selbst eingelegten grünen Tomaten.

Doch der Wildlieferant, mit dem Milenko nun schon seit vier Jahren eng zusammenarbeitet, steht bereits vor der Tür. Eben hat der große Blonde in der Barbour-Jacke die Kofferraumklappe seines Autos geöffnet und mit zufriedener Miene verkündet, das Wild in seinem Revier in der Lüneburger Heide stünde jetzt richtig gut im Futter, und deshalb habe es gut geklappt mit der gewünschten Sau. Milenkos blaue Augen leuchten neugierig, als er jetzt an den Wagen tritt, um das gelieferte Tier zu begutachten. Der Frischling im Kofferraum ist kaum ein Jahr alt. Und tatsächlich, den guten Ernährungszustand kann er am Speck auf den Rippen deutlich erkennen. Das »Stück« hat im Knall gelegen, wie der Jäger es ausdrückt. Damit meint er, dass das Tier den Schuss, der es niederstreckte,

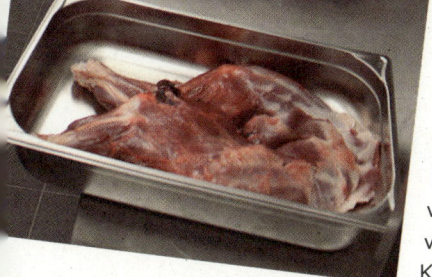

sehr wahrscheinlich gar nicht mehr gehört hat. Nach Waid-
mannsart im Wald ausgeweidet und noch in der Schwarte,
bringt das Schwein sicher mehr als 35 Kilo auf die Waage,
vermuten die Männer. Und die werden im »Marseille« selbstverständlich komplett verwertet. »Das ist regionale, nachhaltige
Küche, wie ich sie will«, sagt Milenko. Das Wild, das er in seinen
Restaurants verarbeiten lässt, wird nur nach Bedarf geschossen,
nirgends gelagert, schon gar nicht tiefgekühlt, und kaum drei Stunden nach der Lieferung kommt es zubereitet auf den Tisch!

Koch Adam macht sich deshalb sofort daran, das Tier fachgerecht
zu zerlegen. Eine Kunst, die er aus dem Effeff beherrscht, was bei
jüngeren Köchen nicht mehr überall selbstverständlich ist, wie
Milenko weiß. Aber gerade darauf kommt es ihm besonders an,
dass seine Küchenchefs und ihre Mitarbeiter sich handwerklich mit
der Verwertung ganzer Tiere auskennen und mit jedem Teil etwas
kulinarisch Interessantes anzufangen wissen.

Im »Marseille« werden so zum Beispiel Gulasch und Merguez-
Würste aus der Keule hergestellt. »Wir legen das Fleisch in Rosmarin ein, damit es ein feines Aroma bekommt, und in Honig, der
es ein bisschen karamellisiert«, erklärt Adam. Die Schulterstücke
werden unter anderem für die Pastrami verwendet, oder es wird
eine Bologneser Soße damit zubereitet, und die Knochen sind
eine gute Grundlage für Fonds und Saucen.

Vollständige Verwertung ist für Milenko nicht nur eine Frage des
Respekts vor dem getöteten Tier. »Verschwendung kann sich
eigentlich kein Gastronom leisten, weder moralisch noch wirt-
schaftlich«, sagt er.

Außerdem ist es der Bosnier von klein auf so gewöhnt. Auf dem
Bauernhof seiner Familie wurden immer alle Teile vom geschlach-
teten Tier verwendet, das war gar keine Frage. »Wir haben zum
Beispiel gern buchstäblich die Schwarte krachen lassen«, lacht er
und erzählt, dass die Schweineschwarte dazu entfettet und heiß
getrocknet wurde und man sie dann wie Chips zum Bier knabbern
konnte. Deshalb sieht er heute in der Küche sofort den Unterschied zwischen Wild- oder Bioschweinen und den konventionell
gehaltenen. »Man erkennt es am Wuchs von Haut und Knochen,
an Fettschicht und Fleischbeschaffenheit, und man kann es defini-
tiv auch schmecken«, sagt er.

Als Kind war für ihn ein Schlachtfest auch deshalb etwas ganz Besonderes, weil es ein seltenes Ereignis war. Milenko Gavrilovic versteht das Wort Sonntagsbraten heute noch so wie seine Familie in Bosnien, die damit nicht etwa einen besonders großen, teuren Braten meint, sondern den einzigen in der Woche. Und er ist fest überzeugt, dass Fleischkonsum überhaupt nur so in Ordnung ist, sparsam und mit dem gebotenen Respekt vor dem einzelnen Tier. »Es regt mich auf, dass auf den Karten vieler Restaurants bloß noch Filet steht, als ob ein Tier nicht mehr zu bieten hätte. Das wollte ich im ›Marseille‹ einfach anders machen!«, sagt der freundliche Graukopf in dem für ihn typischen, sanften, aber eindringlichen Tonfall.

Respekt und Gemeinschaftssinn scheinen überhaupt zwei wichtige und vor allem selbstverständliche Grundhaltungen im Leben von Milenko Gavrilovic zu sein. Er ist, wie er sagt, in »sehr engen sozialen Zusammenhängen« aufgewachsen. So achtsam und schonend, wie seine Eltern und Großeltern Garten und Land bewirtschaftet haben, tun es heutige Biobauern. Und so wie er es gelernt hat, »gehören auch Menschen zu der Umwelt, mit der man pfleglich umgehen soll«. Wer den erfolgreichen Gastronomen im Umgang mit seinen Angestellten erlebt, merkt schnell, dass er diese soziale Ader auch als Chef nicht vergessen hat. In seinen Küchen wird viel gelacht, und bevor der Sturm im Gastraum losbricht, teilt man erst mal im Team das Mittagessen und redet miteinander über Professionelles wie über Persönliches.

Trotz dieser offensichtlichen Leidenschaft für sein Metier kann man nicht behaupten, sein Weg als Gastronom wäre für Milenko Gavrilovic schon immer vorgezeichnet gewesen. Als er 1983 im damals noch friedlichen Jugoslawien zu studieren begann, hieß sein Wahlfach Marketing und nicht Kochen. Zwar hat sich die Liebe zum Kulinarischen bei ihm schon als Kind bemerkbar gemacht. Als Achtjähriger fand er das Werkeln in der Küche mindestens so aufregend wie Räuber-und-Gendarm-Spiele. »Meine Eltern haben mich schon früh einfach machen lassen«, erzählt er. Als er gerade lesen konnte, fand er in einem uralten Volkskochbuch ein Rezept für Pfannkuchen. Er wusste mit Feuer umzugehen und durfte auch sonst allein in der Küche hantieren. Dies erste Pfannkuchen-Backen ging allerdings ziemlich daneben, weil er die Mengen nicht richtig hinbekam und die Pfanne zu heiß war. Mit ein wenig Hilfe von der Nachbarin hat er es dann trotzdem schnell gelernt.

Doch wie tief ihn seine ersten Küchenerfahrungen tatsächlich beeindruckt hatten, fiel dem Marketingstudenten erst bei Nebenjobs auf. Zuerst wurde eine parallele Ausbildung im Hotelfach daraus. 1991 verließ der damals knapp 30-Jährige dann noch vor Ausbruch des Krieges seine Heimat und zog zu seiner Schwester in die Schweiz. Dort nützte ihm sein jugoslawisches Marketingdiplom wenig, die angefangene Gastronomenausbildung dafür umso mehr. Dass er diese schließlich in der Schweiz abgeschlossen hat, sieht er heute als persönlichen Glücksfall. In seinem 13. Jahr in Hamburg fühlt sich der kulinarische Überzeugungstäter mit der Schwäche für alles Mediterrane genau am richtigen Platz.

Gerade hat er sein jüngstes »Baby« in die Hamburger Gastronomie-Welt gesetzt. Nach dem Bistro »Marseille« im Hafenmilieu am Fischmarkt und dem Altonaer Szenerestaurant »Eisenstein« in einer ehemaligen Schiffsschraubenfabrik wagt Milenko Gavrilovic mit dem im Mai 2012 eröffneten »Chezfou« den Griff nach den Sternen am Gourmethimmel.

In den imposanten Räumlichkeiten des alten Bahrenfelder Kraftwerks hat er ein Restaurant eingerichtet, mit dem er in die gastronomische Spitzenklasse vordringen will, jedoch ohne dabei seine nachhaltigen Prinzipien zu verraten. »Ich bin ein Gegner von allem Überkandidelten, von Schaumschlägerei und Effektküche«, erklärt Milenko dazu. »Speiseethik« ist für ihn ein guter Begriff – und den muss man seiner Meinung nach als gastronomisches Gesamtkonzept verstehen, also »tiergerecht und pflanzengerecht, aber auch menschengerecht«. Und tatsächlich, was sofort auffällt, wenn man die schönen alten Ziegelgemäuer des »Chezfou« betritt, ist die Abwesenheit von allem Protzigen. Alles hier ist auf schlichte Eleganz, dabei aber sozusagen auf Augenhöhe mit den Gästen angelegt, das Mobiliar, der Service, die Speisen und die Getränke.

Die Aussichten, mit dieser Art »Gastrosophie« in absehbarer Zeit einen der begehrten Michelin-Sterne zu ergattern, sind sicher nicht schlecht. Mit der Verpflichtung von Alexandre Bourgeuil als Küchenchef des »Chezfou«-Teams hat Milenko jedenfalls einen Coup in Sachen Verfeinerung durch Einfachheit, Mäßigung und Klarheit gelandet. Der Sohn von Jean-Claude Bourgueil, dessen »Schiffchen« in Düsseldorf zwei Sterne hat, kocht ganz anders als beispielsweise Adam Schmidhuber im »Marseille«, viel »filigraner, femininer«, findet Milenko.

Noch wichtiger ist ihm aber, was beide zu gleich guten Verbündeten für seine kulinarische Zukunftsvision macht, nämlich die
Begeisterung für ihren Beruf und die Bereitschaft, ihn nachhaltig
zu verändern. Milenko Gavrilovic ist entschlossen, auf diesem Weg
weiterzugehen, und er hat schon viel über die nötige Veränderung
nachgedacht, das spürt jeder, der ihm zuhört. Einen runden Tisch
für Hamburger Gastronomen zu gründen, wo sie zusammen kochen und essen und über Schritte in eine neue Richtung reden, soll
sein nächstes Projekt werden. Kaum verwunderlich, dass es schon
fast wie ein kulinarisches Manifest klingt, was er über diese neue
Richtung sagt: »Gastronomen sollten nicht auf andere warten,
sondern selbst Verantwortung übernehmen für eine nachhaltigere
Esskultur, Schritt für Schritt. Man braucht viele kleine Feuerstellen,
um schließlich einen Flächenbrand auszulösen.

Wir müssen gemeinsam umdenken, und zwar in allen gesellschaft-
lichen Bereichen. Die Ausbeutung der Meere und des Bodens muss
genauso aufhören wie die Hyperproduktion und die Verschwendung. Wir brauchen Geduld, Dinge reifen zu lassen, auch Nah-
rungsmittel – oder besser gesagt: Lebens-Mittel! Die Distanz muss
wieder aufgehoben werden zu den grundsätzlichen Dingen unserer
Ernährung. Kinder müssen durch eigenes Tun erfahren können,
wie Nahrungspflanzen wachsen, wie Tiere leben und auch, wie sie
geschlachtet werden.

Das Ganze muss auch zur Reduzierung führen. Wir glauben, wir
haben ein Recht auf alles, was wir uns wünschen und was er-
reichbar ist, und das überall und jederzeit. Ich esse gerne Fleisch.
Aber wir müssen das, was wir nehmen, mit Augenmaß nutzen und
dürfen nichts davon gering schätzen. So kannte ich das als Kind,
und mir hat nichts gefehlt dabei.«

Sauerfleisch
vom Wildschwein

Das wird gebraucht:

1,5 kg Wildschweinnacken
1 Zwiebel
4 Nelken
1 Lorbeerblatt
2 Piment
10 Pfefferkörner
10 g Pökelsalz
2 l Gemüsefond
Salz
Zucker **nach Belieben**
Weißweinessig
20 Blatt Gelatine

So geht's:

Das Fleisch mit Pökelsalz einreiben, einen Tag lang abgedeckt im Kühlschrank ruhen lassen und dann in mundgerechte Stücke schneiden. Den Fond mit Essig, Gewürzen, Salz und Zucker süß-sauer abschmecken. Das Fleisch dazugeben und alles aufkochen. Bei kleiner Hitze köcheln lassen, bis das Fleisch gar ist. Fleisch herausnehmen, Brühe passieren.

Gelatine in Wasser einweichen und anschließend in der Brühe auflösen. Das Fleisch in eine Terrinenform legen, mit der Brühe auffüllen und über Nacht im Kühlschrank fest werden lassen. Dazu passen Bratkartoffeln und Gewürzgurken sehr gut.

Wildschweinnacken
1,5 kg | 7 Portionen

Wildschweingulasch
Szegediner Art

Das wird gebraucht:

1 kg Wildschweinschulter
400 g Zwiebeln
4 Knoblauchzehen
2 rote Paprikaschoten
50 g Paprikapulver edelsüß
abgeriebene Schale **einer**
Bio-Zitrone
1 TL Kümmel gemahlen
40 g Tomatenmark
200 ml Rotwein
250 ml Fleischbrühe
Salz, Pfeffer

So geht's:

Die Schulter entbeinen, parieren und in 3 cm große Würfel schneiden. Zwiebeln und Knoblauchzehen schälen und in feine Würfel schneiden. Fleisch salzen und pfeffern. Das Fleisch in einem Schmortopf mit Öl anbraten. Wenn es zu bräunen beginnt, Zwiebeln und Knoblauch dazugeben und weiter rösten. Paprikaschoten entkernen und in Streifen schneiden. Das Paprikapulver und die Paprikastreifen dazugeben und mitbraten. Tomatenmark kurz mitbraten, dann alles mit dem Rotwein ablöschen, den Bratensatz lösen und die Flüssigkeit einkochen lassen. Mit der Brühe auffüllen und auf kleinerer Hitze weiter köcheln lassen, bis das Fleisch butterweich ist. Mit Zitronenabrieb und Kümmel abschmecken, eventuell noch salzen und pfeffern.

Salzkartoffeln schmecken gut dazu, wenn man eine besonders aromatische, festkochende Sorte verwendet. Eine sehr leckere Begleitung wäre auch ein Püree aus Kartoffeln und Sellerie.

Wildschweinschulter

1 kg | 4 Portionen

Wild-Pastrami-Meeräschen

Duo auf Spargelsalat

Das wird gebraucht:

★ für die Pastrami
1 kg Wildschwein
(Keule oder Schinken)
15 g Meersalz
10 g Pökelsalz
50 g Rohrzucker
1 EL Wacholderbeeren
1 EL Pfefferkörner
1 EL Koriandersamen
1 EL gemahlener Ingwer

★ für die Meeräsche
pro Kopf etwa 150–200 g
Meeräschenfilet
Olivenöl und Butter
Salz, Pfeffer

★ für den Spargelsalat
je 500 g grüner und weißer
Spargel
1 Handvoll Kaiserschoten
Kerbel
Estragon
1 Handvoll Radieschen
eingelegte Zitronenschale
nach Belieben
Ölivenöl
weißer Balsamico
Salz, Pfeffer

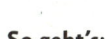

So geht's:

Pastrami selbst herstellen: Das Fleisch parieren. Gewürze im Mörser grob zerstoßen und mit Salz und Zucker mischen. Das Fleisch mit der Mischung von allen Seiten gleichmäßig einreiben. Am besten vakuumieren oder ganz stramm in einen Plastikbeutel packen und diesen gut verschließen. In einer Schüssel einige Tage im Kühlschrank liegen lassen. Wie lange, hängt von der Stärke des Fleischstücks ab. Dafür an der dicksten Stelle messen und rechnen: 5 cm brauchen 10 Tage! Danach das Fleisch herausnehmen und bei niedriger Temperatur auf einem entsprechend vorbereiteten Grill leicht räuchern. Zum Schluss noch kurz in Butter anbraten, für eine Viertelstunde bei etwa 85°C in Alufolie ziehen lassen und dann sehr dünn aufschneiden.

Die Filets von der Meeräsche in Portionsstücke schneiden, salzen und pfeffern. Kurz in der Pfanne in etwas Olivenöl mit Butter gemischt braten, zuerst auf der Hautseite. Zum Anrichten Spargelsalat portionsweise auf Teller verteilen, einige Scheiben noch warme Pastrami daraufschichten und je ein gebratenes Stück von der Meeräsche dazulegen.

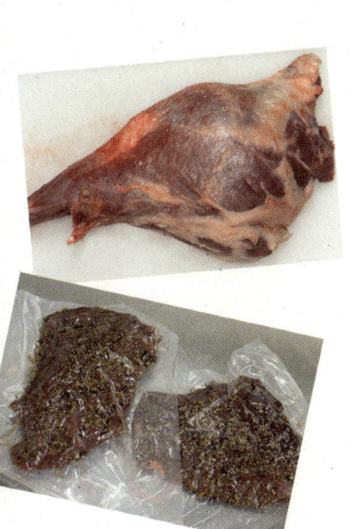

Wildschweinschinken

1 kg | 10 Portionen

Für den Spargelsalat den Spargel schälen und wenige Minuten in kochendem Wasser blanchieren. Abkühlen lassen und in schräge Scheiben schneiden. In einer großen Schüssel die Vinaigrette-Zutaten mit den fein gehackten Kräutern, den in feine Juliennestreifen geschnittenen Zitronenschalen sowie dünnen Radieschenscheiben und Kaiserschotenstreifen mischen. Die Spargelscheiben darunterheben und alles ein Weilchen ziehen lassen.

Eingelegte
Zitronenschale

Das wird gebraucht:

10 Bio-Zitronen
1 kg Zucker
1 EL Fenchelsamen

So geht's:

Die Zitronen waschen und abtropfen lassen. Die Schale vier-
bis sechsmal längs einritzen und die Schalensegmente vorsichtig
ganz abziehen. In einem Topf Wasser zum Kochen bringen, die
Zitronenschalen darin etwa 20 Sekunden blanchieren und dann
in eiskaltem Wasser (am besten mit Eiswürfeln darin) abschrecken.
Um der Schale weitgehend die Bitterstoffe zu entziehen, soll der
Blanchiervorgang dreimal wiederholt werden!
Anschließend 800 ml Wasser mit 500 g Zucker zum Kochen bringen, die Zitronenschalen dazugeben und nach 10 Minuten Kochzeit weitere 250 g Zucker hinzufügen. Die Schalen noch einmal
10 Minuten in der Zuckerlösung weiterkochen lassen.
Den Topf vom Herd nehmen, den Restzucker und die Fenchelsamen unterrühren und alles abkühlen lassen. Die abgekühlten
Schalen im Sud auf Weckgläser verteilen, gut verschließen und
mindestens eine Woche ziehen lassen. In der Zuckerlösung sind
die süßsauren Aromaspender lange Zeit bestens haltbar.

GUT ZU WISSEN:

Das Rezept eignet sich auch für Limettenschalen oder die von
kleinen, dünnhäutigen Orangen. In feine Streifen oder Stückchen geschnitten kann man damit Salaten eine ungewöhnliche
Note geben oder auch Wurzelsüppchen, Mangoldgemüse oder
Sahnespeisen sehr raffiniert verfeinern.

Aus dem zurückbleibenden Fruchtfleisch lässt sich entweder
direkt Saft für eine selbst gemachte Limonade gewinnen, oder
man verwendet es in Scheiben oder Spalten geschnitten zum
Kochen, zum Beispiel für ein Risotto mit Meeresfrüchten.

Wildschwein-Praline

vom Oktopus umarmt

Das wird gebraucht:

★ für die »Pralinen«

- **4** Wildschweinhaxen
- **2** Stangen Staudensellerie
- **2** Karotten
- **2** Zwiebeln
- **5** Wacholderbeeren
- **2 TL** Piment
- **1** Lorbeerblatt
- **2** Thymianzweige
- **0,2 l** Rotwein
- **0,5 l** Fleischbrühe

sowie für die Panade
Mehl, Eier und Panko
(gibt's im Asialaden)

★ für den Tintenfisch

- **1 kleiner** Oktopus *(auch Krake oder Pulpo genannt)*
- **1 l** Wasser
- **1/4 l** Weißweinessig
- **1** Lorbeerblatt
- **2** Knoblauchzehen
- **1 TL** Fenchelsamen
- **1** Möhre
- **2** Stangen Sellerie

So geht's:

Wildschweinhaxen mit Salz und Pfeffer würzen, in einem Schmortopf von allen Seiten scharf anbraten, herausnehmen und beiseitelegen. Gemüse putzen, grob schneiden und im Schmortopf rösten.
Mit Rotwein ablöschen, reduzieren und mit der Brühe auffüllen.
Haxen wieder zufügen. Die Gewürze und Kräuter dazugeben und
zudecken. Im vorgeheizten Ofen auf 140°C 1½ bis 2 Stunden
schmoren lassen. Wenn das Fleisch butterzart ist, Haxen aus dem
Topf nehmen und das Fleisch vom Knochen lösen. Soße durch ein
Tuch passieren und einkochen lassen. Fleisch in kleine Stücke
schneiden, falls nötig, mit Salz und Pfeffer nachwürzen. So viel reduzierte Soße zum Fleisch geben, dass es nur leicht mariniert wird
und etwas bindet. Backform mit Frischhaltefolie auslegen. Das
marinierte Fleisch in die Form legen, mit Folie bedecken und alles
beschweren bzw. pressen. Das Collagen in der Haxe hat denselben
Effekt wie Gelatine: Das Fleisch nimmt beim Abkühlen die Press-
form an, und man kann es nun leicht in 4 oder 8 gleich große Würfel
schneiden. Diese wendet man vorsichtig in Mehl, zieht sie durch Ei,
wälzt sie zum Panieren in Panko und bäckt sie im heißen Öl aus.

Den Oktopus kocht man bei geringer Hitze im Ganzen. Dazu das
Wasser zusammen mit Essig, Lorbeer, Knoblauch, Fenchelsamen
und den klein geschnittenen Möhren und Selleriestangen erhitzen,
den Tintenfisch hineinlegen und je nach Größe 45–90 Minuten
garen. Abkühlen lassen und in lange Stücke schneiden. Zum Kom-
binieren mit den Wildschwein-Pralinen kurz in wenig Öl in der
gusseisernen Pfanne anbraten und eventuell nachsalzen. Beides auf
Scheiben von eingelegten grünen Tomaten drapiert servieren. Lau-
warme, mit Balsamico aromatisierte Belugalinsen passen gut dazu!

Wildschweinhaxen

1 kg | 10 Portionen

Eingelegte grüne Tomaten

Das wird gebraucht:

2,5 kg grüne Tomaten
(unreife Strauchtomaten)
2 l Wasser
2 große Gemüsezwiebeln
2 Knollen Knoblauch
1/2 Tasse Essigessenz 80 %
1/2 Staudensellerie
4 Lorbeerblätter
1 EL schwarzer Pfeffer, ganz
1 Prise Zucker
Salz nach Belieben

So geht's:

Tomaten mit der Gabel rundherum einstechen und gleichmäßig auf 4–5 große Einmachgläser verteilen. Das Wasser mit dem in Stücke geschnittenen Staudensellerie, in Scheiben geschnittenen Zwiebeln, den ungeschälten Knoblauchzehen und den Gewürzen 20 Minuten kochen lassen. Den Topf vom Herd nehmen, die Essigessenz dazugeben und verrühren. Den heißen Sud auf die Gläser mit den Tomaten verteilen und die Gläser fest verschließen. Kühl und dunkel lagern.

GUT ZU WISSEN:

Besonders vorsichtige Zeitgenossen scheuen sich, grüne Tomaten zu essen, und lassen sich damit einen pikant aromatischen Genuss entgehen. Ihre Zurückhaltung ist indes nicht völlig unbegründet. Unreife Tomaten enthalten nämlich das Alkaloid Solanin, das bei empfindlichen Menschen ab einer Zufuhr von etwa 25 mg unangenehme Begleiterscheinungen wie Kopfweh und Übelkeit verursachen kann.

100 Gramm unreife Tomaten enthalten zwischen 10 und 30 mg Solanin. Am besten also immer nur ein paar Scheiben pro Kopf und Tag verspeisen oder eine der neueren Sorten verwenden, die auch unreif nur sehr geringe Mengen Solanin enthalten.

 Mundraub

TEILEN UND MITTEILEN

August 2009. Die Sonne strahlt nach kühlen, regnerischen Wochen endlich wieder warm vom wolkenlosen Himmel. Wunschwetter für Katharina Frosch und Kai Gildhorn, die mit Freunden auf der Unstrut paddeln. Morgens haben sie ihre Boote aufs Wasser gebracht und sind eine hübsche Strecke gegen den Strom gefahren. Mittags kommen die Terrassenweinberge bei Freyburg in Sicht. Über den Rebstöcken flimmert die Luft. Zeit für eine Pause im Schatten!

An der Stelle, wo sie festmachen, liegen Unmengen Pflaumen im Wasser, überreif von Zweigen gefallen, die ihre fruchtige Last fast bis in den Fluss hinabgezogen hat. Einen Steinwurf entfernt bedecken große gelbe Butterbirnen mit zimtfarbenen Sprenkeln auf der Schale den Boden. Wespen umschwirren das appetitlich duftende Obst. Wenig weiter leuchten rotwangige Äpfel zwischen Blättern und Gras. Der reinste Garten Eden, freuen sich die Paddler und greifen ohne Zögern zu. Ein Aroma haben diese am Baum ausgereiften Früchte, fantastisch! Dass sie Äpfel aus dem Supermarkt hierher mitgenommen haben, kommt ihnen auf einmal sehr seltsam vor.

Diese Verwunderung auf der Bootstour sei der Auslöser gewesen, der die Mundraub-Geschichte in Gang gebracht hat, sagt Katharina und fügt hinzu, nie zuvor sei ihnen deutlicher geworden, wie widersinnig es ist, Äpfel und Birnen von weit her im Laden zu kaufen, während gleichzeitig ganz in der Nähe große Mengen erstklassiger Früchte heranreifen, die niemand nutzt!

Überdies erinnert das Obst an der Unstrut die junge Frau an eine alte Familientradition, deren Wiederbelebung sie plötzlich sehr verlockend findet. »Mundräubern« sagten ihre Eltern dazu, wenn sie sich bei Spaziergängen im ländlichen Baden-Württemberg einen Spaß daraus machten, Früchte einzusammeln, die sonst keiner erntete. Katharina weiß noch genau, wie sehr sie diese kulinarischen »Beutezüge« genossen hat und mit welcher Freude die ganze Familie solche unverhofft gehobenen Obstschätze teilte.

Als sie kurze Zeit nach der Tour wieder mit Kai zusammentrifft, ist die Idee in ihrem Kopf schon weit gediehen: Sie will Entdeckungen wie die von der Flussfahrt unbedingt auch anderen Fruchtfreunden zugänglich machen, und zwar auf einer Internetseite, die »Mundraub« heißen soll!

Kai ist nicht schwer für das Vorhaben zu gewinnen, denn herrenloses Obst einzusammeln war auch in seiner Familie üblich, und wie Katharina denkt auch der junge Mann gerne an die Apfelernte vom Rand einer mecklenburgischen Landstraße zurück. Noch am selben Abend legen die beiden los, und im Lauf der Nacht entsteht eine einfache Seite, auf der sich Fundstellen von vergessenem, öffentlich zugänglichem Obst auf Google Maps markieren lassen. Gemeinsam tragen die unternehmungslustigen Obstfans ihre ersten Fundorte ein: die Streuobstwiese an der Unstrut, die Apfelbaumallee in der Nähe von Franzburg, die Kai noch aus Kindertagen kennt, zwei Apfelbäume im Britzer Garten in Berlin und auch die Kirschbäume dort am Boxhagener Platz. Keine Woche nach der denkwürdigen Paddeltour geht so die erste Version von »mundraub.org« ins Netz!

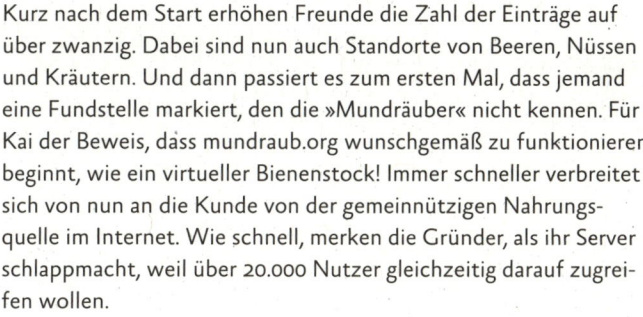

Kurz nach dem Start erhöhen Freunde die Zahl der Einträge auf über zwanzig. Dabei sind nun auch Standorte von Beeren, Nüssen und Kräutern. Und dann passiert es zum ersten Mal, dass jemand eine Fundstelle markiert, den die »Mundräuber« nicht kennen. Für Kai der Beweis, dass mundraub.org wunschgemäß zu funktionieren beginnt, wie ein virtueller Bienenstock! Immer schneller verbreitet sich von nun an die Kunde von der gemeinnützigen Nahrungsquelle im Internet. Wie schnell, merken die Gründer, als ihr Server schlappmacht, weil über 20.000 Nutzer gleichzeitig darauf zugreifen wollen.

Dass das der Durchbruch war für ihr Projekt und nicht die veritable Pleite, nach der es für den Moment aussah, ist Kai Gildhorn heute klar. So wie er es sieht, hat die Mundraub-Idee seinerzeit buchstäblich in der Luft gelegen. Auch Katharina Frosch bezweifelt nicht, dass ihr Angebot einen Nerv getroffen hat. Für sie ist es vor allem das webgestützte Mundraub-Prinzip »teilen und mitteilen«, das sie eng mit der schon länger blühenden Bewegung von Gemeinschaftsgärtnern und urbanen Selbstversorgern verbindet, und wie diese offensiv die Frage nach einer neuen Kultur der Gemeingüter stellt. Mundraub also als »guerilla harvesting«, eine neue Spielart des »guerilla gardening«? Doch, meint Kai nicht ohne Stolz, irgendwie hätten sie schon das Gefühl, bei etwas Großem dabei zu sein. Doch sosehr das Projekt dafür steht, sich der rein profitorientierten Verwertungslogik der Agrar- und Lebensmittelindustrie wenigstens teilweise zu entziehen, sowenig wollen die Mundräuber ihre Initiative als Angriff auf fruchtiges Privateigentum verstanden wissen.

Von Anfang an haben sie sich deshalb bei allen eingetragenen Fundstellen zuerst darum gekümmert, ob die virtuell erteilte Pflückerlaubnis auch tatsächlich berechtigt ist. Bäume, Sträucher und Wiesen in Privathand dürfen natürlich nur so lange abgeerntet werden, wie die Besitzer selbst den Standort dafür freigeben. Auch vermeintlich herrenloses Obst auf öffentlichem Gelände hat in Deutschland immer einen Eigentümer, in der Regel die öffentliche Hand. Wer jedoch – wie die Mundräuber – bei den zuständigen Ämtern nachfragt, bekommt die Lizenz zur freien Ernte meist ohne Weiteres.

Wenig genutzte oder ganz in Vergessenheit geratene Nahrungsquellen der Allgemeinheit zugänglich zu machen und damit zum

Mundräuber Handbuch

Herausgegeben von Kai, Katharina und Magda und von einem ganzen Autorenkollektiv geschrieben und gestaltet, gibt es das Mundräuber Handbuch nun auch in gedruckter Form. Es soll dazu beitragen, die Mundraub-Idee und den Allmendegedanken auch außerhalb des Internets zu verbreiten. Im Handbuch enthalten sind unter anderem ein Erntekalender, ein Bestimmungsschlüssel für alle heimischen Früchte, Nüsse und Gemüse, ein Kapitel zu Rechtsfragen, nützliche Adressen, Pflanz- und Pflegetipps und ausgewählte Mundräuber-Rezepte. Das Handbuch wurde durch Crowdfunding via visionbakery.com finanziert, und die Deutsche Bundesstiftung Umwelt (DBU) übernahm einen Teil der Druckkosten. Alle Interessierten können das Handbuch für 12,50 Euro plus Versandkosten bei mundraub. org online bestellen!

Gemeingut, zur »Allmende« zu erklären findet zwar allgemein große Zustimmung, stößt aber nicht in jedem Einzelfall auf uneingeschränkte Gegenliebe. Der große Aprikosenbaum, der bei Kais Mutter in der Straße steht, zum Beispiel: Seit er den auf mundraub. org gepostet hat, sitzen dort zur Erntezeit öfter Leute drin. Dass darüber nicht alle jubeln, die das exquisite Obstangebot vorher lieber für sich behielten, kann man sich denken. Besonders heiß wird die Diskussion bei Pilzfundstellen, die will natürlich keiner veröffentlicht wissen. Entsprechende Hinweise auf mundraub. org löschen die Betreiber deshalb auch gleich wieder, genauso wie Einträge, denen auf andere Weise die allgemein anerkannte und nachvollziehbar dokumentierte Berechtigung fehlt.

Im Laufe der Zeit ist ein ganzer Katalog von »Benimmregeln« für Mundräuber auf der Seite zusammengekommen. Dieser Kodex hält nicht nur die frisch angestoßene Diskussion über die autonom organisierte Nutzung von Gemeineigentum in Schwung. Er vermittelt auch zwischen individuellen Ansprüchen und der verbreiteten Bereitschaft zu teilen und gibt Anregungen, wie man sich in der Nutzergemeinde über den pfleglichen Umgang mit dem neu erschlossenen Gemeingut verständigen kann.

Immer wieder lernen die Gründer von mundraub.org auch selbst Neues dazu. Wie Kornelkirschen aussehen zum Beispiel und ob man sie essen kann (und ob!) und was sich Interessantes mit Schlehen oder unreifen Walnüssen anfangen lässt. Oder vom Besitzer einer Dönerbude, der Kai über den großen alten Maulbeerbaum neben seinem Imbiss am Berliner S-Bahnhof Schöneweide erzählt hat, dessen Früchte färbten wie Hölle, aber himmlisch schmeckten. Katharina freut sich besonders, dass das Projekt Obstliebhaber persönlich und oft sogar zum wechselseitigen Nutzen in Kontakt bringt. Die facebook-Gruppe der Mundräuber legt dafür ein beredtes Zeugnis ab. Da schwärmt beispielsweise einer von dem äußerst verlockenden, aber schon länger nicht mehr abgeernteten Aprikosenbaum, der im Garten seiner in die Jahre gekommenen Nachbarin steht. Angeregt durch mundraub.org hat er bei ihr geklingelt und nachgefragt. Jetzt darf er die köstlichen Früchte für sich pflücken und übernimmt dabei mit Freuden auch gleich noch die Apfelbaumpflege für die freundliche Spenderin. Und ein anderer fragt, ob das Foto, das er gepostet hat, eine Felsenbirne darstelle und was man denn damit machen könne, und im Handumdrehen gibt es zig nützliche Kommentare dazu.

So bringt Mundraub ganz nebenbei auch einen regen fachlichen Austausch zwischen Pflanzern, Erntern, Köchinnen und Köchen zustande, was das Projekt der regionalen Obstallmenden allmählich immer mehr auch überregional zur gärtnerischen und küchenbotanischen Wissensallmende werden lässt. Ein Aspekt, der den Betreibern auch deshalb behagt, weil sie es gar nicht schaffen könnten, sich dauerhaft selbst um alle aufkommenden Fragen zu kümmern.

Dass sie anfangs überhaupt so viel Zeit in ein ehrenamtliches Projekt stecken können, ist ohnehin eher ein glücklicher Zufall. Katharina Frosch, die nach dem Abschluss ihres wirtschafts- und sozialwissenschaftlichen Studiums in Stuttgart-Hohenheim einige Jahre freiberuflich in Berlin gearbeitet und gerade ihre Dissertation beendet hat, kann ihre Zeit zwischen einem Forschungsprojekt an der Münchner Uni und mundraub.org aufteilen. Die wissenschaftliche Arbeit von Elinor Ostrom, die 2009 einen Nobelpreis für ihre weltweite Forschung über erfolgreich funktionierende Selbstorganisation von Gemeingütern bekommen hat, fasziniert die junge Wissenschaftlerin; vor allem deren zentrale Erkenntnis,

dass Menschen sich fairer und stärker am Gemeinwesen orientiert verhalten, wenn sie regelmäßige Rückmeldung über ihr Verhalten bekommen. Bei Mundraub wie in der Initiative stadtgarten.org, die Katharina 2011 mitbegründet hat (siehe S. 98), kann sie beides unter einen Hut bringen: persönliches Engagement und wissenschaftliches Interesse.

Kai Gildhorn war nach dem Studium schon einige Jahre als Umweltingenieur an einen geregelten Berufsalltag gewöhnt. Bis kurz vor der Flussfahrt im Sommer 2009 hat er als Klimaschutzberater verschiedenen Auftraggebern seiner Firma den sogenannten CO_2-Fußabdruck ihrer Produktion berechnet. Dann kam die Lehman-Pleite, die Auftragslage wurde mau, und Kai verlor seinen Job. Dieser Einschnitt hat viel verändert in seinem Leben. Zuerst hat das Projekt Mundraub davon profitiert, für das er sonst kaum genug Muße gehabt hätte. Während dieser Zeit hat sich der ehemalige Angestellte aber auch zum Entrepreneur gemausert, der sein Geld nun mit dem fairen Handel von indischem Bio-Pfeffer verdient und damit Mundraub auch finanziell unter die Arme greifen kann.

Zu zweit waren die beiden Mundräuber der ersten Stunde übrigens nur für kurze Zeit. Während die Aufmerksamkeit des deutschen Nachhaltigkeitsrats, dessen viel beachteter Bericht das ehrenamtliche Internetprojekt Ende 2009 sogar in die Tagesschau brachte, vor allem die Nutzerzahlen sprunghaft steigen ließ, engagierten sich schon bald nach dem Start viele Unterstützer auch für den täglichen Betrieb des Projekts. Die Lösung der erwähnten Serverprobleme fand sich zum Beispiel in Gestalt von Justin Buckley und Daniel Nielsen. Den beiden Programmierprofis gefiel die Idee, der Allgemeinheit ungenutzte Obstquellen mittels Geotagging zugänglich zu machen, so gut, dass sie spontan bereit waren, unentgeltlich zu helfen. Und auch sie waren nur zwei von vielen Freunden und Hilfsbereiten, die das Projekt im Lauf der Zeit mit Fantasie und Tatkraft unterstützt haben oder es noch immer tun.

Dazu gehört seit dem Frühjahr 2011 auch Madeleine Zahn. Die energiegeladene Rothaarige, die von allen nur Magda genannt werden will, hat in Eberswalde Landnutzung und Naturschutz studiert. Wie Katharina und Kai hat die Brandenburgerin in ihrer Kindheit reichlich Erfahrung mit der Rettung vergessener Früchte gesammelt. »Stoppeln« hieß es bei ihrer Großmutter, wenn diese in der Nachkriegszeit essbare Überbleibsel auf den Feldern einsammeln ging. Magda hat noch den Geruch der überreifen Tomaten in der Nase, die bei der Oma immer körbeweise im Schuppen standen. Private Nachlese auf den Feldern der LPG hat die junge Frau als ausdrücklich erwünscht im Gedächtnis. Großmutters erstklassige Tomatensoße war in ihrer Kindheit jedenfalls nie Mangelware.

Seit Anfang 2012 ist Magda auch hauptberufliche Mundräuberin. In einem von der Deutschen Bundesstiftung Umwelt (DBU) geförderten Vorhaben arbeitet sie an der Wiederbelebung einer einzigartigen Obstallmende. Vor rund 15 Jahren hatten der Bund für Umwelt und Naturschutz Deutschland (BUND e.V.) und der Tourismusverband Hasetal zusammen mit einem bekannten Hersteller von Spirituosen auf einer Strecke von stattlichen 200 Kilometern Obstbäume gepflanzt. Diese außergewöhnlich lange Obstbaumallee führt durch 16 Gebietskörperschaften Niedersachsens und könnte Touristen von heute ebenso zur Beschattung und Marschverpflegung dienen, wie es Obstbaumalleen in alten Zeiten für Soldaten getan haben, sagt Magda, nur leider pflege die Bäume heute kaum noch jemand.

Die Nutzung von **mundraub.org** ist kostenlos, der Betrieb der Seite jedoch nicht! Dessen sämtliche Kosten müssen aus eigener Kraft, zum Beispiel durch Crowdfunding oder mit Stiftungszuschüssen, gedeckt werden. Was Kai Gildhorn selbst zum Leben braucht, verdient der Mundraub-Gründer im Versandhandel mit Pfeffer und Salz. Das Geschäftsmodell von schwarzerpfeffer.de hat er in Anlehnung an das »entrepreneurial design« des Projekts Teekampagne entwickelt. Vertrieben werden zwei Qualitäten fair gehandelten Bio-Pfeffers aus Südwestindien, in Vorratspackungen und weitgehend ohne Zwischenhandel, sowie feines und grobes Siedesalz aus Halle an der Saale. Ein Teil des Unternehmenserfolgs von schwarzerpfeffer.de wird dazu verwendet, mundraub.org zu finanzieren!

Stadtgarten.org ist eine internetbasierte Plattform, die den Eigenanbau von Obst und Gemüse durch eine Gruppe von Privatpersonen unterstützt. Für die Initiatoren Katharina Frosch und Justin Buckley ist der Garten ein Testfall für einen funktionierendes Allmendeprojekt. Die Anbaufläche im Berliner Bezirk Lichtenberg wird gemeinschaftlich bewirtschaftet, ohne Beete oder Parzellen an einzelne Personen zu vergeben.

Damit der Betrieb des Nutzgartens nach Crowdsourcing-Prinzipien nicht in Chaos ausartet, hilft der Tablet-PC in der Gartenlaube dabei, alle Arbeit im Garten, die Gärtnerinnen und Gärtner, ihr Wissen, benötigte Ressourcen und zu erntendes Obst und Gemüse quasi »von selbst« zu organisieren. So behalten die derzeit 30 engagierten Stadtgärtner auch stets im Blick, ob ihre Beiträge bei Gartenarbeit und Ressourcenbeschaffung in einem fairen Verhältnis zu ihrer eigenen Erntemenge stehen.

Der örtliche Tourismusverband bewarb sich deshalb bei den Berliner Mundräubern darum, »Mundraubregion« zu werden. Kai erzählt, sie hätten sich geehrt gefühlt und seien zugleich etwas erschrocken, was da wohl auf sie zukäme. Magda ist zuversichtlich, dass ihre systematische Bestandsaufnahme von Pflanzen, Bäumen und Menschen die alten Obstspender zu neuer Blüte bringen kann. Dazu setzt sie sich auch gern mal abends in einer der 16 Gemeinden in die Dorfkneipe und hält Ausschau nach örtlichen Verbündeten, die einen Blick für das Essbare in nächster Nähe haben und die längste Obstallmende Deutschlands gemeinsam wieder in Schuss bringen wollen.

Das Berliner Büro, von dem aus mundraub.org betrieben wird, ist auch der Sitz der Terra Concordia gUG. Kai Gildhorn hat diese gemeinnützige Unternehmergesellschaft, zu deren Projekten auch das Unternehmen schwarzerpfeffer.de zählt, zusammen mit Daniel Nielsen gegründet. Simone Zeil, die primär für den Vertrieb des Pfeffers verantwortlich zeichnet, ist in der kleinen Bürogemeinschaft ganz selbstverständlich auch Teil des Mundraub-Teams. Teils aus persönlichem Interesse an gemeinschaftlicher Obstverwertung, teils, weil im Tagesgeschäft der jungen Frau viel zusammenläuft, was Mundraub unmittelbar betrifft.

Katharinas
Zimtzwetschgen

Das wird gebraucht:

1 kg reife Pflaumen, auch Zwetschgen
1 Tasse Wasser
(alternativ: Rotwein)
50 g Zucker
2 – 4 Stück Zimtrinde

So geht's:

Die Pflaumen bzw. Zwetschgen waschen, entstielen, halbieren und entsteinen. In einem großen Topf mit Wasser, Zucker und den Zimtrinden zugedeckt zum Kochen bringen. Auf niedriger Stufe so lange kochen, bis die Früchte weich sind. Dabei nicht oder nur ganz vorsichtig umrühren.

Währenddessen Einmachgläser mitsamt Deckel auskochen. Das fertige Kompott kochend heiß in die vorbereiteten Einmachgläser füllen, schließen und vorsichtig auf den Deckel stellen. Beim Abfüllen unbedingt auf Sauberkeit achten. Das Kompott passt gut zu Eierkuchen, Vanilleeis oder -pudding, Grießbrei und Milchreis. Es ist nach dem Abfüllen in Gläser einige Monate haltbar.

GUT ZU WISSEN:
Wegen des ungesund hohen Cumaringehalts der billigeren Cassia-Zimtrinde sollte besser Ceylonzimt verwendet werden!

Apfeltarte
mit Umsturz!

Das wird gebraucht:

★ **für den Teig**

200 g Dinkelmehl (Type 1050)
150 g Butter
75 g Zucker

★ **für die Apfelschicht**

750 g reife Äpfel
(gemundräuberte natürlich)
50 g Butter
100 g Rohrzucker
1/2 gestr. TL fein gemörserte
Chile chipotle
(ersatzweise Cayennepulver)
Saft einer halben Limette

Boiken-Apfel

Goldzeugapfel

Weisser Astracan

So geht's:

Mürbteig: Mehl auf ein Backbrett sieben, in eine Vertiefung die kalte Butter stückeln, den Zucker dazugeben und mit etwas Wasser alles zu einem geschmeidigen Teig verarbeiten. Kalt stellen.

Die Äpfel nicht schälen, nur Kerngehäuse entfernen und dann in dünne Schnitze zerteilen. Eine Tarteform (Glas, Keramik oder Blech) gleichmäßig dick mit der Butter bestreichen, die Hälfte des Rohrzuckers mit Chile-chipotle-Pulver vermengen und auf die gebutterte Fläche verteilen. Apfelschnitze dachziegelartig im Kreis verteilen, mit dem Limettensaft beträufeln und den Rest Rohrzucker darüberstreuen. Den Teig ausrollen und über die Äpfel legen, Ränder beschneiden und andrücken.
50 Minuten bei 180°C auf der mittleren Schiene im Backofen backen. Danach kurz abkühlen lassen und dann stürzen. Schmeckt warm mit Schlagsahne, Frischkäse oder Vanilleeis angerichtet am besten!

GUT ZU WISSEN:

Chile chipotle sind rote, im Rauch von schwelendem Mesquite-Holz getrocknete Jalapeñoschoten, die angenehm süße Rosenpaprikaschärfe mit leicht rauchigem Aroma verbinden. Aus der mexikanischen Küche ist ihr Geschmack so wenig wegzudenken wie aus der kalifornischen. Gut sortierte Gewürzhandlungen bieten sie ganz oder gemahlen an.

Wer es nicht so scharf mag (obwohl süßsaure Äpfel die Schärfe wunderbar aufnehmen, speziell wenn Limette oder Zitrone mit im Spiel ist!), kann Chile chipotle und Limettensaft durch Zimt oder Kardamom ersetzen.

Sommer-Gewürzapfel   Pariser Rambour-Reinette   Grüner Fürstenapfel

Schwarze Nüsse

Das wird gebraucht:

1 kg Walnüsse grün vom Baum
150 ml Wasser
400 ml milden Obstessig
1 kg Zucker
1 Vanilleschote, längs halbiert
die Schale einer Limette, als
dünne Streifen abgeschält
1 EL Nelken
3 – 6 Zimtstangen
(Ceylonzimt!)

So geht's:

Die Nüsse mit einer Rouladennadel an mindestens neun Punkten durchstechen, in einem Topf mit kaltem Wasser bedecken und über Nacht stehen lassen. Anderntags das Wasser abschütten, frisches Wasser aufgießen, die Nüsse darin aufkochen und eine Viertelstunde ziehen lassen. Abgießen und mit kaltem Wasser durchspülen.

Den Zucker bei geringer Hitze langsam karamellisieren lassen, mit Essig und Wasser ablöschen und aufkochen, bis er ganz gelöst ist. Die Gewürze und die Limettenschale dazugeben. Die Nüsse in ein Keramik- oder Glasgefäß schichten und die noch heiße Marinade dazugießen. Nüsse mit einem Teller beschweren, damit sie mit Flüssigkeit bedeckt bleiben.

Mindestens 3 Tage kühl und dunkel stehen lassen. Danach die Marinade abgießen und noch mal aufkochen. Die Nüsse im heißen Sud etwa eine Stunde ziehen lassen, nicht mehr kochen. Nüsse mit dem Schaumlöffel aus der Marinade heben und auf 8–10 Vorrats-gläser verteilen. Den Sud noch etwa 15 Minuten weiter einkochen, dann sofort über die Nüsse geben und die Gläser fest verschließen. Kühl und dunkel mindestens bis zum Advent ruhen lassen, vorher sind sie nicht genug durchgezogen und eventuell weniger be-kömmlich!

Die grünen Nüsse sind nach dieser Prozedur schwarz wie Eben-holz. Sie passen zu süßen Sahnespeisen oder Vanilleeis, zu kräf-tigem Käse, vor allem aber sind sie toll zu Wildgerichten und Gänse- oder Entenbraten.

GUT ZU WISSEN:

Die jungen Walnüsse in ihrer fleischigen grünen Verpackung müssen unbedingt vor dem 24. Juni, also vor der Sommersonnen-wende oder dem Johannistag, gepflückt werden, weil sonst die Nussschale innen schon zu verholzen beginnt und es dann leider zu spät ist für diese Köstlichkeit! Am besten nimmt man auch nur Früchte mit fleckenloser, unverletzter Schale!

Statt
Oliven

107

Das wird gebraucht:

1 kg reife Schlehen
(Handschuhe mitnehmen,
Schlehdorn kann sich
wehren gegen Mundraub!)
4 Zweige Thymian
4 Lorbeerblätter
1 Handvoll Nelken
1 l Wasser
250 g Salz

So geht's:

Das Wasser mit Salz und Gewürzen aufkochen und abkühlen lassen. Die Schlehen waschen und abtropfen lassen. Salzlake über die Früchte gießen und diese mindestens vier Wochen kühl und dunkel ziehen lassen. Danach mit der Lake in Gläser füllen und fest verschließen.

»Statt Oliven« lassen sich wie echte Oliven zur Pizza verwenden. Sie würzen Saucen von Wildgerichten sehr interessant und sind lecker zu Käse oder in Öl geröstetem Brot. Diese Machart von Olivenersatz funktioniert ebenfalls ausgezeichnet mit noch nicht ganz ausgereiften Kornelkirschen!

Bärlauchpesto
auf Mundräuberart

Das wird gebraucht:

Frisch gesammelter Bärlauch, **ungefähr so viel,** wie sich mit beiden Händen fassen lässt

250 ml gutes neutrales Öl *(Olivenöl oder anderes)*

3 EL Holunder-Blütensirup

4 EL Haselnüsse, *grob zerhackt*

3 EL Parmesan, frisch gerieben

und **Salz**

So geht's:
Den Bärlauch waschen und grob zerkleinern. In ein hohes Gefäß geben. Die Haselnüsse ohne Öl in einer Pfanne leicht anrösten. Mit allen anderen Zutaten zum Bärlauch geben und mit einem Stabmixer fein pürieren. Mit etwas Salz abschmecken.

TALLEY HOBAN
& FRIENDS

URBANE

SELBST

VERSORGER

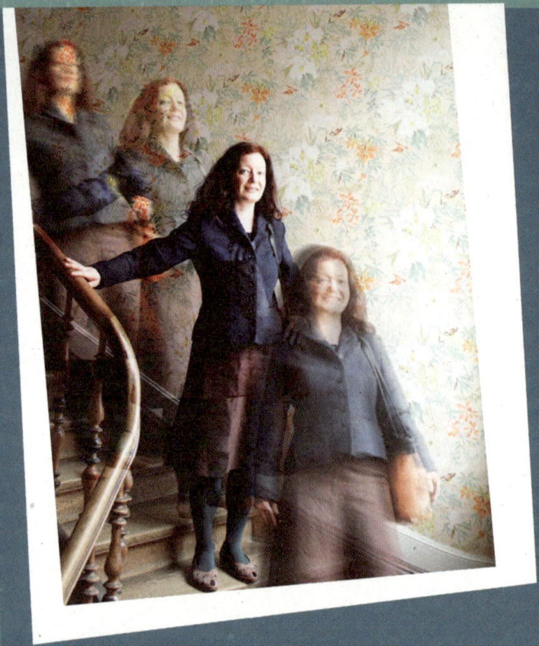

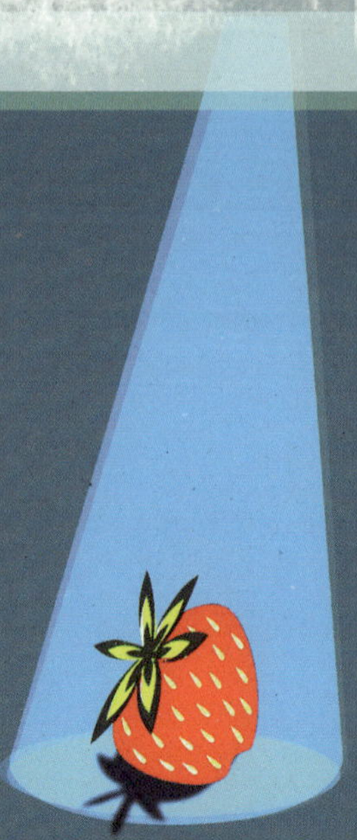

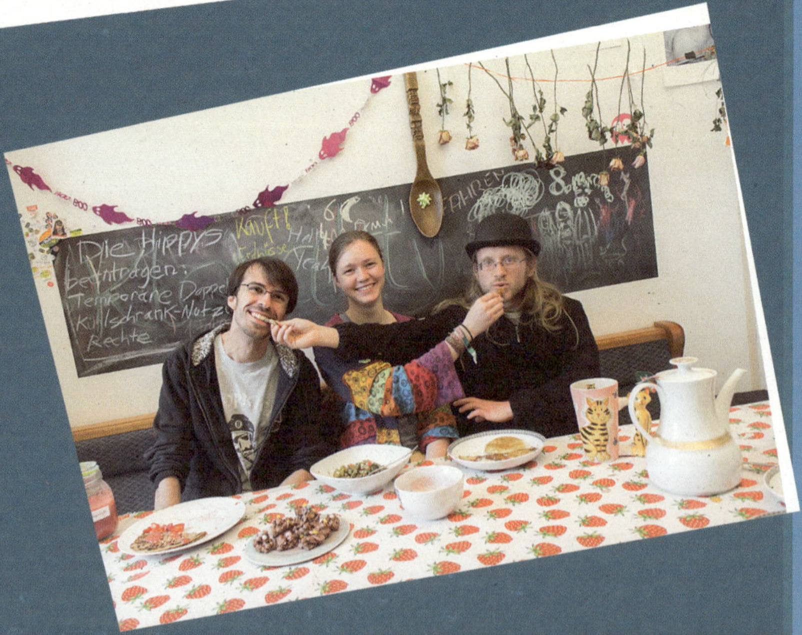
Die Hippys
Kauft!

URBANE SELBST-VERSORGER

Die Türen am Rewe-Parkplatz stehen offen, wie immer. Talley Hoban, Katharina Busch, Robin Riedel und Daniel Bick schauen sich um – keiner zu sehen. Heute haben sie einen Novizen dabei, den Koch Michael Schieferstein (siehe Kapitel »Freibeuter am Herd«). Er will mal sehen, wie das so ist mit dem »Mülltauchen«.

Die Müllcontainer befinden sich an der Rückseite des Supermarkts. Direkt daneben die Anlieferungsrampe, mit einer rot blinkenden Überwachungskamera. Plötzlich geht die Beleuchtung an. Alle erstarren, schauen sich um. Doch nichts passiert. »Das Licht geht automatisch an, sobald wir in der Reichweite des Bewegungsmelders sind«, entwarnt Robin, der das schon kennt. Er öffnet den ersten Container. Er ist randvoll mit Obst.

»Wahnsinn«, entfährt es Michael Schieferstein. »Das ist doch alles noch gut.« Katharina fackelt nicht lange und befüllt ihren ersten Karton: »Die Guten ins Kröpfchen, die Schlechten ins Töpfchen.« Talley geht unterdessen zum nächsten Container: »Super, hier ist Quark, Erdbeer-Joghurt, Sahne, noch nicht mal abgelaufen.«

Robin sichtet ein Polizeiauto: »Schaut mal da hinten.« Es bleibt weit entfernt, fährt langsam in eine Seitenstraße, kommt wieder heraus, aber nähert sich nicht. Ganz offensichtlich beobachten die Beamten die Szene schon seit einer ganzen Weile. Michael Schieferstein ist jetzt so richtig in Fahrt: »Sollen sie mich ruhig verhaften, dann wird die Schweinerei hier wenigstens richtig publik.« Aber die Polizisten fahren wieder weg – sie haben wohl beschlossen, dass sie hier nicht einschreiten müssen. Jetzt muss jeder anpacken, um die Beute zu tragen: Sieben große Kisten voller Obst und Gemüse sowie einige Plastiktüten mit Brot. Gelöste Stimmung macht sich breit, es ist ein bisschen wie bei der Jagd, mit viel Adrenalin im Blut. Beim Einladen gibt es ein Platzproblem: »Mein Kofferraum ist voll«, meldet Robin. Zum Glück hat Talley einen geräumigen BMW Kombi.

Aus den Containern von Rewe und tegut

Passt das – mit einem BMW zum Mülltauchen? Talley findet die große Ladefläche »äußerst praktisch«. Außerdem kann sich die 38-Jährige das Auto leisten, sie hat als Chefsekretärin einen gut bezahlten Job, organisiert Events für Großunternehmen. Das Mülltauchen hat sie vor zehn Jahren kennengelernt, da war bei ihr ein junger Lette zu Gast, über Couchsurfing: »Der war Freeganer, das Wort hörte ich zum ersten Mal, zusammengesetzt aus free für umsonst und vegan. Das fand ich interessant.«

Seither geht Talley regelmäßig »containern«, wie es in der Szene heißt. Sie selbst bezeichnet sich am liebsten als »urbane Selbstversorgerin«. Seit zwei Jahren hat sie auch einen Schrebergarten, in dem sie Gemüse und Obst anbaut: »Seither gehe ich fast gar nicht mehr einkaufen, nur so Sachen wie Mehl, die findet man selten im Müllcontainer.«

Allein geht sie eigentlich nie auf Beutezug: »Meist geht einer aus meinem Freundeskreis mit. Ich frage zum Beispiel in der Disco, ob einer noch mitkommen will, das passt zeitlich ganz gut, weil man nach Mitternacht schön unbemerkt an die Tonnen kann.«

So ist es auch heute Nacht. Während Talley noch mit dem Einladen der Beute beschäftigt ist, verabschiedet sich Robin: »Ich bin nur mal kurz am Aldi-Container.« Und kommt zurück mit einem zentnerschweren Plastiksack Brot. »Da ist noch viel mehr, aber ich denke, mehr können wir nicht verarbeiten, oder?«

Ausgerechnet Aldi, das Unternehmen, das in Deutschland die Backautomaten eingeführt hat, um punktgenau für den Bedarf der Kunden zu produzieren. Andere Märkte sind Aldi gefolgt. Nach Angaben des Handelsverbands sollte das die Wegwerfquote verringern. Doch der Brotberg im Müllcontainer spricht eine andere Sprache.

Der Trupp fährt weiter. Talley nimmt regelmäßig Neulinge mit, sie nennt das »Container-Workshop«. Heute will sie Michael Schieferstein zeigen, wie viel Bioware in der Tonne landet. Bei tegut macht sich der Trupp nicht einmal mehr die Mühe, auf der Straße zu parken, sie fahren mit ihren drei Autos direkt auf den Parkplatz des Supermarkts. »Fahr doch gleich zur Rampe runter«, witzelt Michael Schieferstein.

Doch was er dann sieht, nimmt ihm den Atem. Zunächst scheint der Container nur mit Plastik und echten Abfällen gefüllt. Aber Talley weiß, dass sie hier wühlen muss: »Die bedecken die guten Sachen immer mit Dreck.« Stück für Stück legt sie die oberste Schicht zur Seite und wird fündig: »Toll, Erdbeeren und Brokkoli, sieht beides noch gut aus.« »Hey, schaut mal her, hier sind sogar Mangos«, ruft Talley und hält eine in die Luft. »Das ist eine Flugmango, besonders gute Qualität«, weiß der Koch, »die kostet mindestens sieben Euro. Welcher Vollidiot wirft denn so was weg?«

Ein Gefühl der Wut steigt ihn ihm auf, jetzt will er auch in die anderen Container schauen. »Hunderte von Entenbrüsten, noch gefroren, ich kann es nicht fassen. Die sind zwar schon abgelaufen, aber mein Gott, gefroren, da kann doch nichts passieren, die hätte man doch noch gefahrlos essen können. Warum geben die Supermärkte solche Ware nicht rechtzeitig weiter?«

Allen ist bewusst, dass sie sich einer Straftat schuldig machen, dem »Diebstahl einer Sache im Wert von null Euro«. Aber gleichzeitig

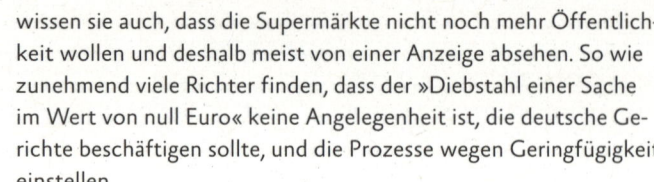

wissen sie auch, dass die Supermärkte nicht noch mehr Öffentlichkeit wollen und deshalb meist von einer Anzeige absehen. So wie zunehmend viele Richter finden, dass der »Diebstahl einer Sache im Wert von null Euro« keine Angelegenheit ist, die deutsche Gerichte beschäftigen sollte, und die Prozesse wegen Geringfügigkeit einstellen.

So ist es Robin ergangen. Der Erlebnispädagoge geht seit fünf Jahren »containern« und wurde kürzlich von einem Supermarktleiter angezeigt. Die Anklage wurde fallen gelassen. Robin hat deshalb auch nichts dagegen, wenn ihn die Lokalzeitung mit vollem Namen zitiert. Seit einem Jahr ist seine Freundin Katharina mit dabei. Und schließlich seit einem halben Jahr WG-Mitbewohner Daniel. Die vierte Mitbewohnerin will nicht mitkommen, »die ekelt sich vor den Mülltonnen«, so der Student.

Dafür muss sie aber heute Nacht auf die Badewanne verzichten. Denn am Ende des Abends werden die Lebensmittel in der Badewanne gelagert: »Das muss alles erst einmal gründlich geduscht werden, denn in so einer Mülltonne treiben sich ja auch Schimmelsporen und andere unangenehme Keime herum«, erklärt Katharina. Die Mülltaucher-Wohngemeinschaft misst ihre Beute in Badewannen: »Heute waren es wieder zwei Badewannen voll.«

Mengen, die auch eine vierköpfige WG nicht verputzen kann. Also geben sie die überschüssige Ware an befreundete WGs weiter. Oder laden Freunde ein. Dabei herrscht durchaus ein kulinarischer Anspruch. Daniel hat einige Zeit als Aushilfskoch gearbeitet. Das gut sortierte Gewürzregal lässt erahnen, dass auch Robin und Katharina eher zu den Genießern gehören. Aber mit politischem Anspruch. In schönstem Denglisch erklärt Robin stolz: »Wir gehen dumpstern (von dumpster = Müllcontainer), weil wir damit einen Beitrag für den Klimaschutz leisten wollen.« Und Daniel fügt hinzu: »Und deshalb sind unsere Rezepte auch vegan. Denn wenn alle Menschen sich einen Fleischkonsum leisten würden wie wir Deutschen, dann bräuchten wir vier Planeten.«

Crêpes
BananaRama

Das wird gebraucht:
6 Bananen
400 ml Sojadrink *(oder Milch)*
300 g Mehl
100 g Margarine
100 – 200 g Erdbeeren

So geht's:
Bananen zerdrücken und mit Sojadrink, Mehl und Margarine verrühren. Fett in der Pfanne erhitzen, eine Kelle Teig dazu, ausbacken, bis eine Seite schön braun ist, dann den Pfannkuchen wenden. Erdbeeren pürieren und auf dem Teller über den Pfannkuchen streichen. Darüber Krokant- oder Schokostreusel.

GUT ZU WISSEN:
Bananen können im Notfall alles ersetzen; die Banane ist »das Soja des Freeganers«.

Gestrichenes aufs Brot

Das wird gebraucht:
1 kleine Paprika *(rot, grün oder gelb)*
1 Tomate
1 Handvoll vorsichtig gerösteter Haferflocken
1 kleine Zwiebel oder
ein paar Frühlingszwiebeln
2–3 Avocados
Saft **einer** Zitrone
eventuell Bärlauch, Petersilie, Schnittlauch
1 Knoblauchzehe
grüne Oliven **nach Geschmack**

So geht's:
Gemüse und Kräuter fein schneiden und die reifen Avocados mit einer Gabel zerdrücken. Schneidet man sie grob, sollte man alle Zutaten später zusammen pürieren, damit die Masse streichfähiger ist. Einen kleinen Teil der Kräuter und des Gemüses als Garnierung zur Seite legen (später auf die bestrichenen Brote streuen). Eine Handvoll Haferflocken kurz vorsichtig rösten und unter die Masse mischen. Am Ende mit Salz und Pfeffer sowie Zitronensaft abschmecken. Hält sich gut im Kühlschrank.

GUT ZU WISSEN:

In den Mülltonnen findet man oft Zwiebeln, die schon ausgetrieben haben. Das ist für den Geschmack völlig egal. Oft werden auch Kräutertöpfe weggeworfen. Dill, Petersilie, Basilikum oder andere Kräuter sind eine wichtige Grundlage für die Brotaufstriche. Der Zitronensaft hält die Masse länger haltbar und die Avocado davon ab, sich dunkel zu färben.

Alternativ bietet sich dieses Rezept mit oder ohne Haferflocken auch als Dip für Rohkost oder Chips an. Püriert man zu der Masse noch sehr wasserhaltiges Gemüse wie Gurken oder Tomaten und, wer mag, 1–2 rohe Knoblauchzehen dazu, hat man eine sehr erfrischende, schmackhafte und kalorienarme Salatsoße, die man dank des Zitronensaftes auch einige Tage im Kühlschrank aufbewahren kann.

GUT ZU WISSEN:

Chips werden, wenn sie eine
Weile offen herumliegen, etwas knatschig und schmecken
dann nicht mehr so lecker.
Sie sind aber ideal geeignet,
um eine leckere Panade zu
machen: einfach klein bröseln
(geht gut in einer Tüte) und
statt des Paniermehls verwenden. Geht auch mit Cornflakes,
Erdnussflips, Haferflocken ...

Wenn das Gericht mal zu
scharf geraten sollte, sorgt
ein Klecks Joghurt auf dem
Teller für Milderung.

Kohlrabis frites
à la mode de Kadda

Das wird gebraucht:

★ für die Kohlrabischnitzel
3 Kohlrabi
Mehl
Paniermehl *(bzw. altes Brot)*
Petersilie
Chilischoten *(wer's scharf mag)*

★ für die Kartoffeln
Kartoffeln
Sonnenblumenöl
Rosmarin
Salz, Pfeffer, Paprika

★ für das Gemüsecurry
2 kleine Zwiebeln
1 Zehe Knoblauch
400 – 500 g Bohnen
250 g Karotten
500 g Champignons
ca. 150 ml Milch
Curry-Mischung

So geht's:

Paniermehl kann man leicht selbst herstellen, indem man trockene Brötchen in den Mixer gibt. Etwas Mehl und Wasser zu einem fließfähigen Brei vermischen und nach Belieben würzen. Dicke Kohlrabischeiben schneiden und diese erst im Mehl-Wasser-Gemisch, dann im Paniermehl wälzen. In der Pfanne in viel Öl frittieren. Mit Petersilie und dünn geschnittenen Chilischoten garnieren.

Kartoffeln vierteln – so ist kein Vorkochen nötig. Etwas Öl in ein verschließbares Gefäß (alternativ in eine Plastiktüte) füllen, Rosmarin und Gewürze dazu. Die Kartoffeln im Gefäß schütteln oder im Beutel kneten, sodass sie gleichmäßig gewürzt sind, dann auf ein Backblech legen und im vorgeheizten Ofen bei 250°C ca. 25–30 Minuten backen.

Zwiebeln und Knoblauch anbraten, dann Gemüse anbraten, mit Milch ablöschen, sodass eine cremige Soße entsteht. Mit Curry, Salz, Pfeffer und Zucker abschmecken.

Süße Beute

Das wird gebraucht:
Cornflakes und verschiedene
Getreideflocken
evtl. Samen, Kerne, Nüsse ...
Schokolade *(z. B. Osterhasen
oder Schokobälle)*

So geht's:
Schokolade im »Bain-Marie« (Wasserbad) schmelzen, also einen
Topf mit etwas Wasser füllen und darin eine Schüssel mit der
Schokolade erhitzen. Cornflakes und gewünschte Zutaten dazu,
verrühren, kleine Portionen auf ein Backpapier setzen und abküh-
len lassen. Mit Smarties verzieren.

GUT ZU WISSEN:

Ganz nach Geschmack kann man natürlich alles Mögliche
dazumischen: Hafer-, Dinkel-, Kokosflocken, Müslimischung,
Sonnenblumenkerne, Leinsamen, Mandeln, verschiedene
Nüsse, Rosinen, Trockenfrüchte usw.

WAM KAT

WIR KÖNNEN NICHT ALLE
CHE GUEVARA SEIN.

EINER MUSS AUCH
DIE KARTOFFELN
SCHÄLEN!

2000 MAL SCHMORGEMÜSE MIT COUSCOUS BITTE!

Wam Kat hat die großen Brenner schon aufgestellt. Die Schläuche der bauchigen Gasflaschen sind angeschlossen. Kochtöpfe im Regentonnen-Format stehen bereit und Plastikschüsseln, so groß wie Baby-Badewannen. Jetzt muss nur noch das Gemüse geschnippelt werden, dann kann es losgehen mit der Kochaktion für den 5. McPlanet-Kongress.

Die Szenerie wirkt geschäftig an diesem sonnigen Aprilmorgen auf dem Campus der Technischen Universität Berlin. Auf dem Platz am Hauptgebäude flattern einschlägig bekannte Banner im Wind. Attac, Greenpeace, Brot für die Welt, terre des hommes und andere mehr sind mit Infoständen vertreten. In den Hörsälen wird bereits lebhaft über erneuerbare Energien, die »Green Economy« oder die selbst organisierte Nutzung von Gemeingütern geredet.

Während man drinnen angeregt diskutiert, ob die ökologische Landwirtschaft es schaffen kann, neun Milliarden Menschen zu ernähren, kümmert man sich draußen mindestens ebenso engagiert um die tagesaktuelle Ernährungsfrage. Zweitausend Essensportionen sind für die Mittagspause bestellt, und dafür müssen eine Menge Rüben und Knollen unters Messer.

»Halb so wild«, winkt der altgediente Volksküchenchef ab, »das kriegen wir hier ganz locker hin!« Der hagere Mann mit der schwarzen Strickmütze ist ganz andere Größenordnungen gewöhnt. In den über 30 Jahren, die er jetzt schon zum fahrenden Küchenvolk zählt, sind es oft weit über zehntausend Esser gewesen, für die die mobile Aktionsküche zum Einsatz kam.

Heute stehen Schmorgemüse mit Sojaschnetzeln, Couscous und Wurzelrohkost auf dem Speisezettel. Eine ganze Schar junger Leute ist damit beschäftigt, Gemüse zu waschen und zu schneiden. Es summt wie im Bienenschwarm, Rufe schallen zwischen den Schüsseln und Töpfen hin und her und Gelächter. Manche haben Kopfhörer auf und schnippeln im Takt ihrer Musik.

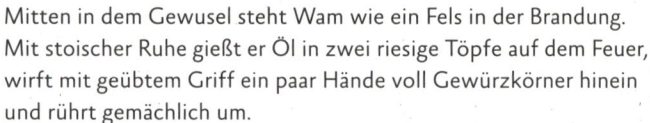

Mitten in dem Gewusel steht Wam wie ein Fels in der Brandung. Mit stoischer Ruhe gießt er Öl in zwei riesige Töpfe auf dem Feuer, wirft mit geübtem Griff ein paar Hände voll Gewürzkörner hinein und rührt gemächlich um.

Wie immer ist der bekannteste Küchenmeister der Friedens- und Umweltaktivisten schwarz gekleidet in Aktion: auf dem Kapuzenshirt das Aktionsküchen-Logo, die Mütze mit dem Anstecker der Castorgegner tief in die Stirn gezogen und das lange, eisgraue Haar im Nacken zusammengebunden. Die markante Nase, die wachsamen Adleraugen und dazu dieser ungewöhnlich klingende Name – sind da womöglich indianische Wurzeln im Spiel? Braut hier ein neuzeitlicher Druide Zaubertränke für den Erfolg der Bewegung, oder haben wir es mit dem Koch eines Piratenschiffs zu tun? Nichts davon und doch von allem ein bisschen! Wam Kat reagiert amüsiert auf solche Einfälle. Das hört er nicht zum ersten Mal und kann was dazu erzählen. Bevor er das tut, müssen aber erst mal an die 40 Kilo geschnittene Zwiebeln ins heiße Öl. Es kostet Kraft, sie vor dem Anbrennen zu bewahren, das kann man sehen. Der Kochlöffel dafür würde allerdings zur Not auch als Bootspaddel durch-

gehen. Noch ein kritischer Blick in die beiden Töpfe, dann fragt er, wo war ich stehen geblieben? Ach ja richtig, meine Wurzeln!

Wam Kat ist in den Niederlanden geboren und in einer Künstlerkolonie nicht weit von Utrecht aufgewachsen, mit zwei leiblichen Brüdern und zwischen acht und zwölf anderen Jungs, die im Laufe der Jahre zur Familie dazukamen. Wie viele genau, da müsste man seine Mutter fragen. Laut Geburtsurkunde heißt Wam eigentlich Pieter Jan Herrmann Frederik Kat. Einer der Jungs konnte »Jan« nur schwer aussprechen. So wurde »Wam« daraus, und dabei blieb es. Mit 30 lief Wam in Christiania einem Storyteller vom Stamm der Wampanoag über den Weg. Deren Name setzt sich aus »Wam« gleich Licht und »Panoag« gleich Volk zusammen. »Du bist an allem schuld!«, sagte der zu ihm und erklärte erst später, Wam sei ihm als Reinkarnation der Niederländer erschienen, die Land von den Ureinwohnern Manhattans gekauft und darauf New Amsterdam, das spätere New York, gegründet haben. Wam Kat glaubt nicht an Reinkarnation. Die Story hat ihm trotzdem gefallen.

Das mit der Schiffsküche erzähle ich auch noch, verspricht Wam. Doch zunächst macht er den Schnipplern Platz am Topfrand. Aus zig bunten Schüsseln werden Gemüsewürfel auf die Töpfe verteilt, und dazu kommt literweise Wasser. Umrühren und erst mal ein Weilchen in Ruhe kochen lassen.

Wie immer bei Wam Kat wird natürlich vegan und nur mit Zutaten aus biologisch kontrolliertem Anbau gekocht. Die zwölf Zentner ziemlich krumm gewachsenen Gemüses für heute stammen vom Biobauern Christian Heymann vom Vierfelderhof im Berliner Umland. Heymann hätte die unverkäuflichen Sonderlinge sonst unterpflügen müssen.

Wirklich eine Schande, empört sich Wam, während er kiloweise Sojaschnetzel ins köchelnde Schmorgemüse rührt. Nach seiner Erfahrung ist das leider kein Einzelfall. In Heiligendamm, beim G8-Gipfel im Mai 2005, haben sie nicht nur ein paar Zentner, sondern gleich mehrere Tonnen Gemüse verarbeitet. Und auch die konnte er für ganz kleines Geld beschaffen, weil sie andernfalls weggeworfen worden wären. 17.000 Globalisierungsgegner sind so eine Woche lang von Hutspot, Raspelkost und Schmorgemüse in bester Bioqualität satt geworden. Ihm ist dabei deutlicher als je zuvor geworden, welche Ausmaße das Wegwerfen auch im Biolandbau inzwischen angenommen hat.

Wie viel verwertbares Essen in der Überflussgesellschaft praktisch täglich unter den Tisch fällt, weiß Wam Kat allerdings schon viel länger. Zu Hause gab es immer große Töpfe in der Küche und viele Leute um den Esstisch, aber extrem wenig finanziellen Spielraum. Da war es ganz normal, am Ende eines Markttages im großen Stil angestoßenes und übrig gebliebenes Gemüse zu besorgen. Als ganz normal empfand Wam als Kind auch die für die damalige Zeit eher unkonventionellen Tischgespräche zu Hause. Abends gemeinsam essen und das Weltgeschehen besprechen war das soziale Ereignis des Tages in der Kolonie. Da beschrieb man sich gegenseitig die Farbe Blau und diskutierte Dinge wie Lebensmittelpreise, Homosexualität, Hausbesetzungen und Kernwaffen. Kinder durften selbstverständlich mitreden und bekamen ein Gefühl für das Politische im Kulinarischen vermittelt, noch ehe sie die Wörter dafür aussprechen konnten. Wam muss lachen, wenn er an die große Überraschung bei seiner Einschulung Anfang der Sechziger denkt. Erst da habe er festgestellt, dass der Rest der Welt irgendwie anders gewickelt zu sein schien.

Inzwischen hat das Wasser für den Couscous die richtige Temperatur, heiß, aber nicht mehr kochend. Während Wam es auf die großen bunten Plastikwannen verteilt, kommt er auf die Mutmaßungen über den Piratenkoch zurück.

Er sei tatsächlich schon mal auf See in einer Kombüse beschäftigt gewesen. Damals war er noch keine 17, wollte unbedingt auf der Rainbow Warrior von Greenpeace mitfahren und Held werden. Dass er mitdurfte, verdankte er allein dem Umstand, dass der Koch gerade einen Küchenjungen brauchte. Der habe ihm die Küche als den absolut wichtigsten Teil des ganzen Schiffs angepriesen, erzählt Wam, und so hat er nicht nur seine ersten Versuche mit dem Kochen für Aktivisten gemacht, sondern auch gelernt, wie wichtig gemeinsames Essen sogar für die Qualität von Aktionen werden kann. Ganz so prägend wie es jetzt klingt, war das damals noch gar nicht, bekennt er zum Schluss. Hätte der Zufall es anders gewollt, wäre er mit dem gleichen Eifer beim Maschinisten in die Lehre gegangen.

Die geraspelten Möhren und Äpfel müssen jetzt schleunigst gemischt und mit Zitrone beträufelt werden. Sonst sehen sie nicht mehr so appetitlich frisch aus, wenn die Mittagspause losgeht. Schließlich hat selbst ein »Sterne-Koch« einen Ruf zu verlieren, über dessen kulinarischen Rang Demonstranten urteilen und kein Guide Michelin, gibt Wam grinsend zu Protokoll.

Dabei hatte er eigentlich nie eine Karriere als Kochprofi vor. Trotz seiner Fahrt in der Küche der Rainbow Warrior und seiner Herkunft aus einem nicht eben konventionellen Haushalt hat er nach dem Abitur dann doch erst mal ganz bürgerlich studiert, Soziologie und Psychologie. Diese »Konzession an die Normalität«, wie er es nennt, war allerdings mit dem Uniabschluss schon wieder beendet. In einen akademischen Berufsalltag wollte Wam dann doch nicht geraten. Genauso wie vier seiner Kommilitonen, die wie er erhebliche Einwände gegen die sogenannte friedliche Nutzung der Kernenergie hatten.

Gemeinsam mit ihnen beschloss Wam Kat Anfang der Achtziger, ein Küchenkollektiv zu gründen, das Aktivisten bekocht. Sie nannten sich »Rampenplan«, was so viel wie Katastrophenschutzplan heißt, und wollten dazu beitragen, menschengemachte Katastrophen wieder in Ordnung zu bringen oder besser noch, beizeiten abzuwenden. Ihre erste große Aktion kam, als eine kleine Gruppe Kernkraftgegner 1981 das Atomkraftwerk Dodewaard besetzen wollte.

Bei der entscheidenden Vorbereitungssitzung, erzählt Wam, hätten 150 Leute stundenlang durcheinandergeredet und über fast alles Wichtige ganz basisdemokratisch entschieden. Nur als er gefragt habe, wie sie sich denn die tagelang nötige Essensversorgung von etlichen Tausend Menschen im Besetzercamp vorstellten, sei es plötzlich ganz still gewesen. Einer sagte schließlich, er könne 100 Würstchen warm machen. Darauf riefen die Trotzkisten, wir machen auch Würstchen warm, und so waren es schon 700. Es endete damit, dass Wam versprach, Rampenplan werde für 14.000 Besetzer Bioessen bereitstellen; sehr zum Staunen der gesamten Versammlung und zum Entsetzen der anderen Kollektivmitglieder, die Wams kein bisschen kollektiv beschlossene Zusage kein bisschen lustig fanden. Wie nicht anders zu erwarten, war es auch nicht leicht, das Versprechen zu halten. Zum Beispiel hatte Rampenplan überhaupt kein Geld für Vorauszahlungen an Lebensmittellieferanten. Außerdem hatte niemand im Kollektiv wirklich Ahnung vom Kochen, geschweige denn von Großküchenlogistik. Zum Glück jedoch rückten einige Biobauern ihr Gemüse auf Treu und Glauben raus. Immerhin kannte man sich in der Szene

und verstand die umweltpolitischen Ziele der Aktion schließlich auch als die eigenen. Hinbekommen haben sie es dann tatsächlich irgendwie, mit viel Improvisationstalent und geborgten Töpfen, grinst Wam. Allerdings nur, um anschließend zu schwören, dass sie nie wieder eine derartige Kochaktion organisieren wollten. Und dann, drei Wochen später, kam ein Anruf aus Deutschland mit der Bitte an Rampenplan, in Wackersdorf das Protestcamp gegen die Wiederaufbereitungsanlage zu bekochen.

Bevor er weiterredet, kostet Wam Kat das Schmorgemüse, gibt etwas mehr Salz dazu und rührt noch mal um. Bald werden die hungrigen Kongressteilnehmer an den Töpfen Schlange stehen. Etwas Zeit zum Weitererzählen bleibt aber noch. Rampenplan sei inzwischen zur Legende geworden, fährt er fort. Heute kocht bereits die dritte Generation bei Aktionen mit. Die Biokost ohne Fleisch haben andere Volksküchen wie selbstverständlich von ihnen übernommen. »Ich hätte anfangs gar nicht gedacht, dass man auch so Einfluss nehmen kann«, sagt Wam, »aber das ist wie Unterricht.« Immer wieder haben sie erlebt, dass die Leute nach einer Woche fleischloser Rampenplan-Küche kamen und sagten; Mensch, ich hab's überlebt und eigentlich gar nichts vermisst! Nach und nach ging das Kochkollektiv auch immer mehr dazu über, Getreide, Obst und Gemüse von Bauern mitzunehmen, die all das bestenfalls an Tiere verfüttert und schlimmstenfalls weggeworfen hätten.

In mehr als 30 Jahren ist Wam Kat viel herumgekommen mit seiner Küche. Mehr als fünf Jahre war er allein in den Ländern Ex-Jugoslawiens unterwegs, um Friedensaktivisten zu unterstützen, deren Heimat von Krieg und Zerfall beherrscht war. In dieser Zeit entstand das »Zagreb Diary«, das anfangs vor allem als Bericht für Wams Kinder gedacht war. Seine Nachrichten aus dem Krisengebiet verschickte der Vater auf einem Weg, den er selbst mitgebaut hatte: das »Za-mir«-Network (»für den Frieden«-Netzwerk), eins der ersten Computernetzwerke überhaupt. Diese abenteuerlich über zig Knotenpunkte improvisierte Internetverbindung war jahrelang fast die einzige Kommunikationsbrücke zwischen Serbien und Kroatien.

Außer seinen Kindern lasen bald auch mehr als eine halbe Million anderer Internetnutzer in einem der weltweit ersten Blogs, was Wam Kat in diesen Jahren auf dem Balkan sah und tat. Unter

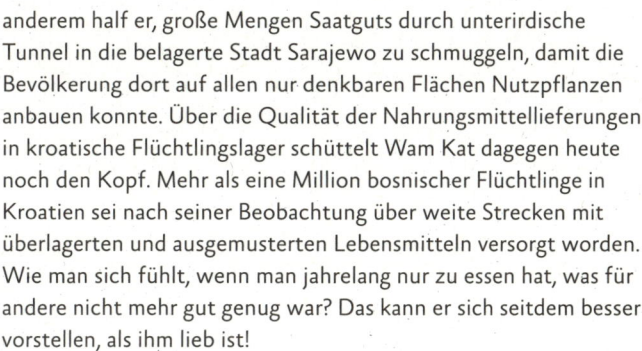

anderem half er, große Mengen Saatguts durch unterirdische Tunnel in die belagerte Stadt Sarajewo zu schmuggeln, damit die Bevölkerung dort auf allen nur denkbaren Flächen Nutzpflanzen anbauen konnte. Über die Qualität der Nahrungsmittellieferungen in kroatische Flüchtlingslager schüttelt Wam Kat dagegen heute noch den Kopf. Mehr als eine Million bosnischer Flüchtlinge in Kroatien sei nach seiner Beobachtung über weite Strecken mit überlagerten und ausgemusterten Lebensmitteln versorgt worden. Wie man sich fühlt, wenn man jahrelang nur zu essen hat, was für andere nicht mehr gut genug war? Das kann er sich seitdem besser vorstellen, als ihm lieb ist!

Mehrere Jahre als Friedensaktivist in belagerten Städten und Flüchtlingslagern forderten allerdings auch irgendwann ihren Tribut, das kann man sich ebenfalls gut vorstellen. Wam Kat wollte danach erst mal zur Ruhe kommen und ließ sich 1995 in der Nähe von Berlin im Fläming nieder. Längere Zeit kochte er nur noch für die Handvoll Mitbewohner, schrieb an seinem ersten Buch »24 Rezepte zur kulinarischen Weltverbesserung« (das er übrigens demnächst in einem zweiten Band mit neuen Geschichten und Rezepten fortsetzen wird) und bastelte am Layout von Internetseiten.

Aber Wam Kat ist keiner, der lange die Füße stillhalten kann. Als ihm die rassistischen Anfeindungen der Braunen mit Glatze und Springerstiefeln in seiner neuen Heimat zu viel wurden, fing er an, sich auch wieder unmittelbar politisch-kulinarisch zu engagieren, diesmal mit Kochaktionen im international besuchten Infocafé im nahen Bad Belzig. Auch eine gute Art, dumpfem Nationalismus den Nährboden streitig machen, hat er festgestellt. Seit sie öfter zusammen kochen und essen, begegnen sich Afrikaner, Bosnier, Aussiedler und Einheimische jedenfalls sehr viel toleranter und offener als vorher und halten sogar gegen Neonaziterror zusammen.

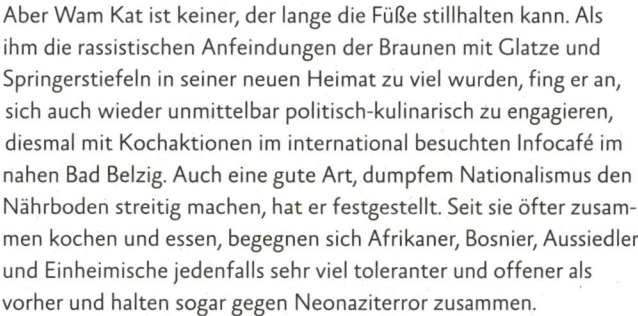

Inzwischen ist Wam Kat von Neuem mit einer mobilen Küche unterwegs. Sie heißt »Fläming Kitchen«, und er hat sie allein aufgebaut, ohne Basisdemokratie, wie er etwas wehmütig anmerkt. Rampenplan jedes Mal herzuholen, wenn es um kleinere Aktionen in der Region geht, ist auf die Dauer nicht sinnvoll, sagt er. Ohnehin kamen dem alten Kollektiv Veranstaltungen, bei denen das Essen auch inhaltlich im Mittelpunkt steht, nicht mehr politisch genug vor. Wam fragt sich dagegen, was denn noch politischer sein könne, als gegen die Verschwendung von Lebensmitteln zu protestieren.

Dass er sich beim Terra Madre Tag von Slow Food Deutschland aufs Podium holen ließ, für die von Slow Food mitorganisierte Kampagne »Teller statt Tonne« kochte und sich mit Ernte- und Kochaktionen an der Promotion für den Film »Taste the Waste« beteiligte, ist für ihn keineswegs ein Bruch mit den früheren Weggenossen.

Vor allem aber ist Wam Kat sich selbst dabei treu geblieben: Es geht ihm immer noch darum, menschengemachte Katastrophen in Ordnung zu bringen. Nur sind zu den alten Zeichen der Bewegung neue dazugekommen. Solche wie die auf den T-Shirts der zahlreichen Helfer, die Wam Kat jetzt bei der Essensausgabe zur Seite stehen. Sie tragen alle das Logo vom internationalen Slow Food Youth Network. Dass diese jungen Leute, die dem Alter nach sämtlich Wams Kinder sein könnten, »Protesst« mit zwei »s« schreiben, findet er in Ordnung.

Ob die da drinnen genug bewegen mit ihren Diskussionen, weiß er nicht so recht. Mit den anderen hier draußen ist sich Wam Kat jedenfalls einig: Protest, der was bewirkt, kann durchaus beim Gemüseschnippeln anfangen!

Ran an die Wurzeln!

Wie bekommt man eine Tonne Gemüse klein und hat noch Spaß dabei?

Man nehme einen griffigen Titel wie »Schnippel-Disko«, zwei angesagte DJs und eine hippe Location wie die Kreuzberger Markthalle Neun in Berlin. Dann mische man eine auffallend gut gestaltete Anzeige locker unter die einschlägigen Medien und bringe damit an die hundert junge Köchinnen, Bierbrauer, Food-Bloggerinnen, Kommunikationsdesigner und Food-Aktivisten samt ihren Messern und Brettchen in Aktion. Und schon verwandelt sich vermeintlich langweilige Küchenarbeit in ein geselliges Ereignis, das den »kulinarischen Ungehorsam« nährt, und massenhaft verschmähte Gemüsesonderlinge machen als heiße »Protesst-Suppe« Tausende Demonstranten satt.

Im internationalen Slow Food Youth Network engagiert sich die Jugend von Slow Food Deutschland handgreiflich für eine nachhaltige Esskultur. Dafür veranstaltet sie im ganzen Land »Eat-Ins«, Schnippel-Events und Kochaktionen. Immer öfter arbeiten die jungen »Slowfoodies« dabei auch mit Wam Kat zusammen: Entweder schnippeln sie, wo er kocht, oder er kocht, wo sie geschnippelt haben, und gemeinsam pfeifen sie auf die Wegwerfgesellschaft!

Schlage die Trommel und fürchte dich nicht

Wo tonnenweise Gemüse über die Klinge springen muss und Wam Kat große Töpfe aufs Feuer stellt, legt auch Hendrik Haase den Zeichenstift beiseite und zückt beherzt das Küchenmesser. Der Kommunikationsdesigner liebt die Beschäftigung mit Essen. Auf den Geschmack gekommen ist er als Kind bei seiner Großmutter. Die hat ihn für »Ahle Wurscht« auf frischem Roggenbrot begeistert. Auf der Suche nach raren Genüssen von früher stieß der junge Mann mit dem Hut auf Slow Food, das internationale Terra Madre Netzwerk und das Youth Food Movement der Organisation. »Es ist wichtig, Genuss mit Politik zu verbinden«, findet Hendrik und trommelt deshalb auch als Künstler für den kulinarischen Widerstand. Erkennungszeichen für die Jugend von Slow Food Deutsch-

land zu gestalten oder am Design ihrer Aktionen zu arbeiten gehört dazu.

Kochbücher findet Hendrik übrigens nur gut zum Anschauen. Für ihn ist das die ganze Wissenschaft und der Bücher tiefster Sinn: beim Kochen mutig den eigenen Sinnen zu vertrauen und sich vor nichts zu fürchten, schon gar nicht vor irgendwelchen Vorschriften! Sein kulinarisches Credo ist deshalb:

Kein Rezept!

Die Wirklichkeit fängt dort an, wo keine Barcodes mehr zu finden sind, dort wo dir kein TV-Koch mehr erzählt, was wirklich lecker ist. Dort, wo du deiner Nase und deinem Bauch mehr vertraust als einem Etikett, einer Zusatzstoffliste oder einem Mindesthaltbarkeitsdatum. Diese Welt kennt keinen Abfall, sondern nur Menschen und ihre Werke – natürliche Kreisläufe und die Wertschätzung dem gegenüber, was dich ernährt und was dir schmeckt.

Kochen und Genießen ist eine internationale Sprache zwischen Herd und Teller, die du lernen kannst – leichter und schneller, als du glaubst. Dafür brauchst du keine Rezepte, kein Studium, keine Gurus, nur deine Sinne und einen Bauch voller Neugier.

Die Küche ist ein Labor für die Alchemie des Alltags – die alltägliche künstlerische Kreativität. Ein endloser Raum für Experimente, Entdeckungen und Überraschungen. Es gibt keine Regeln und Verbote. Lauf los und finde deinen eigenen Weg aus der Brühe des Massengeschmacks. Der Ausweg liegt näher als du denkst. Vielleicht draußen auf dem Feld beim Bauern, im Ofen des Bäckers am Ende der Straße oder ganz einfach im Topf deines Nachbarn.

Hendrik Haase, Halle an der Saale, im Mai 2012

Jeder Mensch (ist) ein (Koch) Künstler

Hutspot*

mit paniertem Sellerieschnitzel, gebratenem Rote-Bete-Gemüse und Möhren-Rohkost

Das wird gebraucht:
(Reicht für vier mit ausgewach-senem Appetit oder für acht kleinere Portionen)

★ für den Hutspot
1 kg Kartoffeln
500 g Möhren
400 g Zwiebeln
300 g Knollensellerie
(den man von der »Schnitzel-knolle« abzweigt)
1 l Sojadrink
Salz *(ggf. mit Kräutern)*
Pfeffer
1 EL Instant-Gemüsebrühe

★ für das Rote-Bete-Gemüse
750 g frische Rote Bete
(oder 600 g vorgekochte)
4–5 große Zwiebeln
Balsamico
Öl zum Braten
etwas Butter
(Veganer lassen sie weg)
Salz

★ für die Möhren-Rohkost
4 große Möhren
etwas Öl
Saft einer Zitrone
1 Handvoll Sonnenblumen-kerne

★ für die Sellerieschnitzel
4 dicke Scheiben von einer großen Sellerieknolle
Paniermehl *(oder 2 altbackene Brötchen)*
Salz *(ggf. mit Kräutern)*
Pfeffer
1 Ei oder etwas Sojamilch

So geht's:

Hutspot: Alle Gemüse (wobei man den Sellerie vorher für die Schnitzel vorbereitet hat und nur die übrigen Abschnitte für den Hutspot verwendet) waschen, schälen (soweit nötig) und in kleine Würfel schneiden, die Zwiebeln in halbe Ringe. Alles in einen Topf tun und mit dem Sojadrink begießen. Die Flüssigkeit soll das Gemüse gerade so bedecken. Falls nötig, noch mit etwas Wasser auffüllen. Alles zum Kochen bringen und auf kleinerer Flamme etwa 35 Minuten köcheln lassen, dabei gelegentlich umrühren. Wenn das Gemüse gar ist, wird es zu Brei gestampft. Zum Schluss mit Pfeffer, Salz und eventuell etwas Gemüsebrühe abschmecken.

Rote-Bete-Gemüse: Rote Bete ungeschält in Wasser weich kochen. Das dauert je nach Größe zwischen 30 Minuten und einer Stunde. Mit der Gabel kann man leicht prüfen, ob sie gar sind. Die Schale lässt sich von den noch warmen Beten wie bei Pellkartoffeln leicht mit dem Messer oder mit der Hand abziehen (der Saft färbt die Haut nachhaltig, also entweder Küchenhandschuhe anziehen oder blaurote Handflächen in Kauf nehmen!). Gegarte Rote Bete in 1 cm große Würfel und die Zwiebel in halbierte Ringe schneiden. Zwiebeln im Öl andünsten; sobald sie glasig werden, die Rote-Bete-Würfel dazugeben und leicht anbraten. Großzügig mit Balsamico ablöschen, dann nach Wunsch Butter und Salz dazugeben. Auf niedriger Flamme noch etwas weiterschmoren, dabei gelegentlich umrühren, damit nichts anbrennt.

Sellerieschnitzel: 4 große, 1 Zentimeter dicke Scheiben von der Sellerieknolle (oder 8 halbe) mit Wasser oder Sojamilch befeuchten und mehrmals in einer verquirlten Mischung aus Sojamilch oder Ei und Paniermehl (selbst gemacht aus geriebenem altem Brot oder harten Brötchen) mit (Kräuter-)Salz und ein wenig Pfeffer wenden, bis die Panade rundherum haftet. In einer Pfanne mit Öl auf kleiner Flamme langsam goldgelb backen. Für die »Garprobe« mit der Gabel einstechen.

Möhren-Rohkost: Möhren mit der Gemüsebürste unter Wasser schrubben, klein raspeln, mit Öl und Zitrone abschmecken. Wer mag, gibt noch geröstete Sonnenblumenkerne oder geraspelten Apfel dazu. Die Zitrone sorgt dafür, dass weder Möhren noch Äpfel sich bräunlich verfärben, das sieht appetitlicher aus und schmeckt außerdem schön frisch.

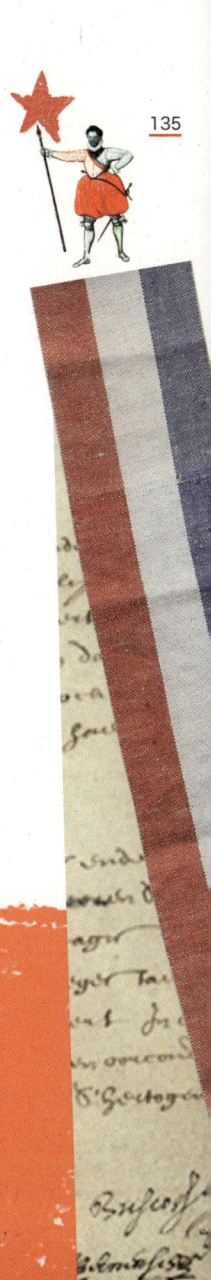

GUT ZU WISSEN:

*Hutspot ist ein spezieller stamppot, der wiederum fester Bestandteil der niederländischen Küche ist. Dabei werden Kartoffeln zusammen mit anderen Gemüsen zu Brei zerstampft. »Huts-« kommt von »hutselen«, was so viel wie »bunt durcheinanderwürfeln« bedeutet. In der Stadt Leiden hat der Hutspot eine jahrhundertealte Geschichte. Jedes Jahr am 3. Oktober findet zur Feier der Befreiung von den spanischen Belagerern ein großes Hutspotessen statt. Die Leidener waren während des 80-jährigen spanisch-niederländischen Krieges einige Jahre von den Spaniern eingekesselt. Nachdem in der Nacht vom 2. zum 3. Oktober 1574 die Watergeuzen (niederländische Freibeuter) die Deiche durchstochen hatten, flohen die Spanier Hals über Kopf vor den Wassermassen und ließen allerlei auf der Bastion Lammenschans zurück, darunter einige Kupferkessel mit Essensresten. Der Überlieferung zufolge fand die ausgehungerte Bevölkerung von Leiden dort ein Gericht aus gestampften Möhren, Zwiebeln und Pastinaken vor, den Hutspot! Im Laufe der Zeit sind die Pastinaken dann wohl durch Topinambur und später durch Kartoffeln ersetzt worden.

Die Möhren von damals waren übrigens auch noch nicht so leuchtend orange wie heute, eher gelb oder so dunkel wie Rote Bete. Die Farbe der Oranier haben niederländische Bauern den gelben Möhren erst Ende des 17. Jahrhunderts angezüchtet.

Hutspot ist ein herzhaftes, wohlig wärmendes Essen für kalte Tage vom Oktober bis in den Mai, das über Belagerungszustände aller Art hinwegtrösten kann. Vor allem im Frühjahr lässt sich gut dazu verwenden, was die örtlichen Biobauern noch in Mieten oder Kühlkellern liegen haben, und Experimentierfreudige dürfen ruhig mal spontan »hutselen«, was sich an Wurzeln, Knollen und anderen Gemüsen gerade so anbietet.

In Leiden reicht man zum Hutspot meist noch Fleisch, Wurst oder Speck. Unser Hutspot hier ist natürlich »tierfrei«, wie es sich für die vegane Küche gehört. Wer glaubt, nicht auf Fleisch verzichten zu können, sollte die leckeren Sellerieschnitzel aber wenigstens versuchen. Gut möglich, dass die Fleischlust dabei in Vergessenheit gerät!

Zerstoßene Wiese

à la Kat

Das wird gebraucht:

*(Reicht beispielsweise für
6 – 8 Portionen Nudeln)*

2 Hände voll frisch
gepflückte Wiese
*(z. B. junge Blätter, Knospen und
Blüten von Bärlauch, Löwenzahn,
Vogelmiere, Wegerich, Giersch,
Schafgarbe, wilder Möhre,
Knoblauchsrauke, Scharbockskraut, Wiesenschaumkraut)*
250 ml Olivenöl
1 Knoblauchzehe
*(2, wenn kein Bärlauch
mehr dabei ist)*
1 Handvoll Sonnen-
blumenkerne
Salz, Pfeffer

So geht's:

Die Wiesenkräuter gut waschen, trocken schleudern, zusammen
mit den Sonnenblumenkernen und dem in Scheiben geschnittenen Knoblauch in ein Mixgefäß füllen und mit dem Schneidstab
zerkleinern. Das Öl dabei nach und nach dazugießen. Salz und
Pfeffer nach Geschmack dazugeben und noch einmal mit dem Stab
durchmischen, fertig!
Schmeckt wie klassisches Pesto gut zu Nudeln aller Art, ist aber
auch ein feiner Brotaufstrich und eine prima Zutat für Salatsoßen
oder zum Abschmecken von Gemüsesuppen. Reste in Gläschen mit
einer Schicht Öl bedecken und kühl aufbewahren!

GUT ZU WISSEN:

Natürlich ist für solche kulinarischen Sammlungen üppiger Wild-
wuchs aus dem eigenen Garten am besten geeignet. Wer auf
Wiesen und an Wegrändern pflückt, sollte sich welche suchen,
die weder durch »häufigen« Hundebesuch belastet noch mit
Gülle oder Kunstdünger verdorben sind.

Couscous
kingsize!

mit radikaler Raspelkost

Das wird gebraucht:

★ für den Couscous
75 – 100 kg Couscous
10 – 12 l Gemüsebrühe
8 – 10 EL Paprikapulver
ca. 20 – 25 l Wasser
Salz

★ für die Raspelkost
40 kg Möhren
10 kg Äpfel
15 kg Sellerie
Saft von 5 kg Zitronen
10 l Sonnenblumenöl
6 – 7 kg Sonnenblumenkerne
1 Handvoll Salz

★ für das Schmorgemüse
30 kg Paprika
10 kg Auberginen
80 kg Möhren
10 kg Topinambur
20 kg Sojaschnetzel *(grob)*
40 kg Zucchini
50 kg Tomaten
40 kg Zwiebeln
1 kg Knoblauch
3 – 4 l Olivenöl
45 l Wasser
2 Hände voll Paprikapulver
1 Handvoll Koriander
1 Handvoll Kardamom
2 Hände voll Lorbeerblätter
4 Hände voll Kräuter der
Provence
Salz, Pfeffer

Reicht für ungefähr
2.000 hungrige
AktivistInnen oder
KonferenzteilnehmerInnen!

So geht's:

Schmorgemüse: Zwiebeln schälen, halbieren und in Ringe schneiden. Zwei Töpfe à 300 Liter aufs Feuer stellen, Koriander und Kardamom mit Olivenöl erhitzen, Zwiebeln darin andünsten und Paprikapulver dazugeben. Zucchini, Tomaten, geschälte Möhren und Topinambur in 1 cm große Würfel schneiden und Gemüse auf beide Töpfe verteilen. Je etwa 20 Liter Wasser dazugeben. Nach ungefähr einer Viertelstunde die Sojaschnetzel, Knoblauch, Lorbeerblätter und die Provencekräuter je zur Hälfte dazugeben und kräftig umrühren. Eine Weile vor sich hin kochen lassen; wenn die Sojaschnetzel die Feuchtigkeit aufgesogen haben, nach Gefühl noch etwas Wasser nachgießen. Alles etwa 30 bis 45 Minuten köcheln lassen. Nun die in kleine Würfel geschnittenen Auberginen über die zwei Töpfe verteilen und noch mal 10 Minuten weiterköcheln. Zum Schluss die sehr fein gestückelte Paprika unterrühren und mit Salz und Pfeffer abschmecken.

Couscous: Am besten lässt sich der Couscous in Portionen von etwa 15 kg in mehreren 40-Liter-Behältern zubereiten. In jedem Gefäß Salz, Paprikapulver und etwas Gemüsebrühe mischen, Couscous dazugeben, mit kochend heißem Wasser überbrühen und durchrühren. Nur so viel Wasser dazu geben, wie der Couscous aufnimmt, damit er nicht zu feucht wird. 5–10 Minuten quellen lassen, fertig! Wenn der Couscous zu trocken ist, ruhig mehr Wasser dazu. Ist er zu feucht, mehr Couscous! Und nur nicht verzagen, spätestens bei der dritten Schüssel geht es wie von selbst!

Raspelkost: Möhren und Äpfel waschen und raspeln, Sellerie schälen und ebenfalls raspeln. In 12–14 Behältern von je etwa 40 Liter Fassungsvermögen vermengen, mit Zitrone, Öl und Salz abschmecken und gehackte Sonnenblumenkerne untermischen. Wenn jede Portion Couscous nicht mehr als 1–2 Esslöffel von der Rohkost an die Seite bekommt, reicht's für alle!

GUT ZU WISSEN:

Wer so viele Mäuler auf einmal stopfen will, braucht große Töpfe! Für die Zubereitung des Gemüses werden zum Beispiel 2 Töpfe von je 300 Liter Fassungsvermögen gebraucht. Für den Couscous genau wie für die Raspelkost sind Gefäße von etwa 40 Litern Fassungsvermögen am praktischsten. Davon sollten ungefähr 20 Stück im Küchenwagen mitfahren. Und entsprechend große Brenner, Rührstäbe und Kochlöffel natürlich! Von den schätzungsweise 60–80 »helfenden Händen«, die man zum Gemüseschnippeln zusammentrommeln muss, gar nicht zu reden!

Wer die Mühe scheut, kann sich gern an Wam Kats »Fläming Kitchen« und das Youth Food Movement wenden.

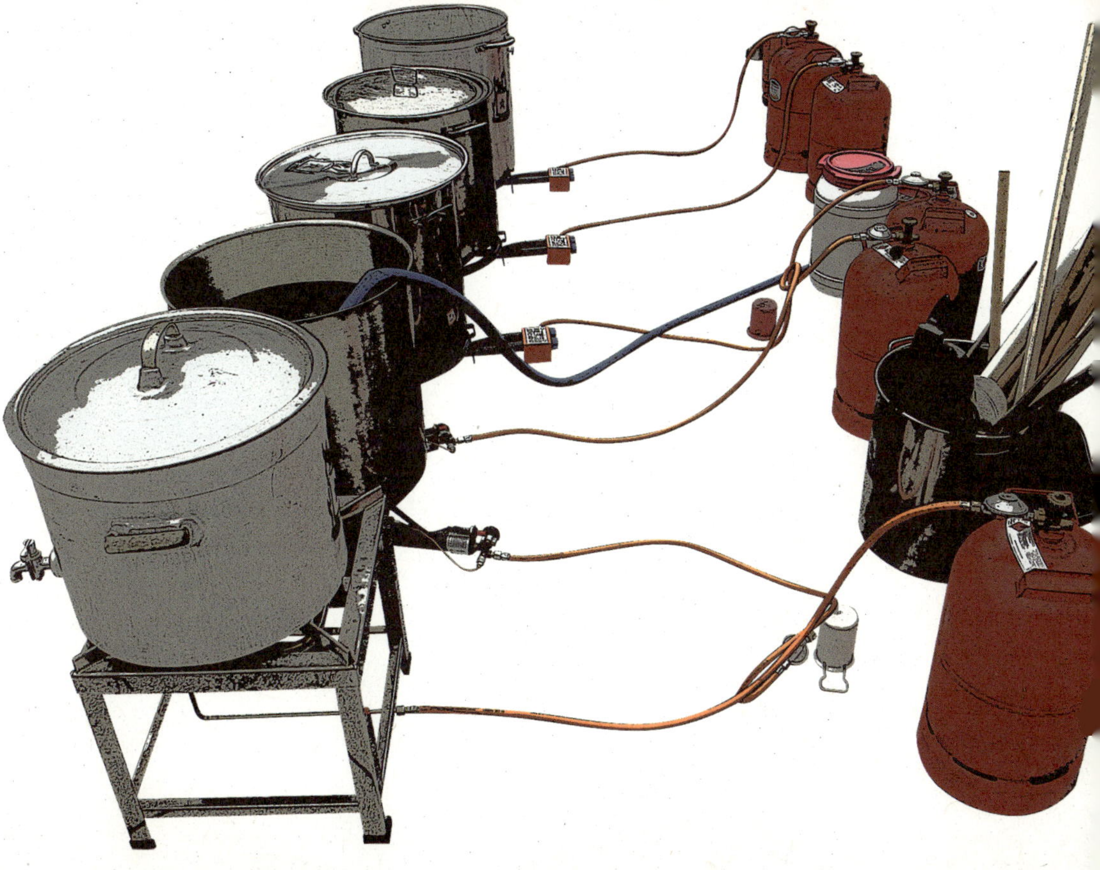

Wams Kartoffelsuppe
oriental

Das wird gebraucht:
*(Reicht für vier hungrige Esser
oder acht kleinere Portionen)*
750 g Kartoffeln
1 mittelgroße Sellerieknolle
250 g Möhren
1 große Zwiebel
1 l Gemüsefond
*(am besten selbst gemacht
aus Schalen und Abschnitten)*
300 ml Sojamilch
1 EL Kreuzkümmel
grob zerstoßen
1 EL Ingwer
*(frisch gerieben nach Geschmack,
geht aber auch ohne)*
Olivenöl
Schnittlauch
Würfel von *(altem)* Brot

So geht's:
Gemüsefond mit der Sojamilch aufkochen. Kartoffeln mit der
Gemüsebürste schrubben, ganz klein würfeln, Sellerie schälen und
ebenfalls klein würfeln, beides in die kochende Flüssigkeit geben.
Kreuzkümmel in der Pfanne zunächst ohne Öl leicht anrösten,
Öl zugeben und die gewürfelten Zwiebeln darin goldgelb frittie-
ren. Möhren in sehr kleine Würfel schneiden und kurz mit in der
Pfanne rühren. Mischung zur Suppe geben und nach Geschmack
geriebenen Ingwer unterrühren oder weglassen. Mit Salz und Pfef-
fer würzen und etwa ein Stündchen köcheln lassen.
Die Suppe ist fertig, sobald die Kartoffeln auseinanderzufallen be-
ginnen. Mit Schnittlauch und in Olivenöl gerösteten Brotwürfeln
(Croûtons) servieren.
Hübsch sehen auch frische Blüten darauf aus: Gänseblümchen,
Hornveilchen oder Kapuzinerkresse – was Garten oder Balkon
gerade so an essbarer Deko hergeben.

BERLINER TAFEL
KINDER AN DEN HERD

Chefköchin

Chefkoch

BERLINER Tafel E.V.

KOCHEN LERNEN MIT DER BERLINER TAFEL

Berlin-Kreuzberg, Adolf-Glaßbrenner-Grundschule. Die Glocke schrillt. Lärmend rast eine Schulklasse durch den Gang. Eigentlich wie immer. Doch heute ist kein Unterricht angesagt, sondern es kommt die Berliner Tafel. Genauer gesagt Timo Schmitt. Dem 31-Jährigen glaubt man gleich, dass ihm das Kinderprojekt eine »Herzensangelegenheit« ist, wie er sagt: »Ich möchte den Kindern zeigen, dass gesunde Lebensmittel auch lecker sein können.« Die Berliner Tafel hat dabei nicht nur ihre übliche Zielgruppe im Auge, die an den Tafel-Ausgabestellen die Supermarkt-Reste abholt. »Der Verfall der Kochkultur betrifft doch alle Schichten«, meint er, »deswegen richtet sich unser Angebot an alle.« Der ausgebildete Ernährungswissenschaftler bedauert, dass in den letzten Jahrzehnten der Haushaltsunterricht aus der Mode gekommen ist: »Die Schulen haben wunderschöne Küchen, so wie hier, aber sie werden oft nicht genutzt.«

Er stellt zwei große Kisten mit Gemüse auf die Arbeitsplatte. Der Erzieher Arkadi teilt derweil die Klasse in Gruppen: »Wer hilft mit, das Gemüse zu schnippeln? Und wer will an den Herd?« Schnippeln? Herd? Herrscht da nicht höchste Verletzungsgefahr? »Wie sollen sie es denn sonst lernen«, fragt der Koch zurück, »und wenn sich mal eines schneidet, mein Gott, dann hole ich halt ein Pflaster raus.«

Er ist durchaus vorsichtig, zeigt den Kindern vorher, wie scharf die Messer sind. »In vielen Familien dürfen die Kinder aus Angst vor Verletzungen zu Hause nicht mal die einfachsten Dinge machen, aber wie sollen sie es sonst lernen?« Oft hat Timo Schmitt die Erfahrung gemacht: »Die haben eine Riesenangst, bis sie sich zum ersten Mal geschnitten haben und merken, es ist ja gar nicht so schlimm.«

Die Kinder sind mit Feuereifer bei der Sache. Vierte Grundschulklasse, die meisten sind neun oder zehn Jahre alt. »Ich schneide die Sticks«, gibt John stolz von sich, aber was für ein Gemüse das ist, weiß er leider nicht. Die Frage, ob er schon mal Kohlrabi gegessen hat, muss er verneinen, die Frage, ob er zu Hause überhaupt schon gekocht hat, auch.

»Manche Kinder glauben wirklich an lila Kühe, weil sie sie aus der Werbung kennen. Ich dachte zuerst, das kann nicht wahr sein«, erinnert sich Timo Schmitt. »Aber es ist Tatsache. Die Verarbeitung der Lebensmittel ist so weit fortgeschritten, dass die Kinder gar keine Vorstellung mehr davon haben, wie eine Tomate aussieht oder ein Apfel. Die kennen das nur fertig, als Ketchup oder Apfelsaft.«

Timo Schmitt erlebt immer wieder, wie Kinder einen Apfel nicht von einer Birne unterscheiden können oder eine Tomate von einer Paprika – und zwar in allen Berliner Bezirken, auch den eher wohlhabenden. »Die Kinder bekommen das leider zu Hause nicht beigebracht. Da wächst jetzt schon die zweite Generation heran, die es nicht mehr weiß. Die Eltern können ja oft auch schon nicht mehr kochen, haben es selbst nicht mehr gelernt.« Nachdenklich kratzt er an seinem Bart. »Wenn ich zurückdenke, meine Mutter hat mir so viel beigebracht in der Küche, aber die haben jetzt gar

nicht mehr die Möglichkeit, das Wissen zu Hause zu bekommen.« Timo Schmitt wuchs auf dem Land auf, in Nordbayern: »Da lernt man das Kreislaufsystem von Kindesbeinen an, da wird nichts weggeworfen, ein Bauer tauscht mit dem anderen, wenn was übrig ist.« Bei den Kochkursen werden die Kinder von Anfang an mit einbezogen: »Wir bitten die Lehrer, die Kinder mit entscheiden zu lassen, welches Gericht gekocht wird.« Allerdings bewusst keine Fleischgerichte, weil die Kinder im Alltag sowieso schon zu viele tierische Produkte essen. »Wir wollen sie nicht zu Vegetariern erziehen, aber die Möglichkeiten aufzeigen – die Entscheidung muss dann jeder für sich treffen.«

Heute gibt es Pellkartoffeln mit Quark und Gemüsestifte mit Ampel-Dips, also einer grünen, einer gelben und einer roten Soße. »Farben sind wichtig, denn das Auge isst mit.« Seiner Erfahrung nach wissen die Kinder meist schon, was gesund ist, aber: »Wenn es daran geht, selber was damit zu machen, fehlt das Wissen, wie das geht.« Sollte Kochen nicht regelmäßig zum Unterricht gehören? »Na klar, wie oft höre ich den Satz: Kochen ist ja echt cool, das wusste ich gar nicht.«

Es hämmert und klopft an allen Tischen. Selina will Karotten schälen. »Das geht nicht«, sagt sie. Arkadi nimmt das Schälmesser und dreht es um: »Probiere es doch mal so.« Ein Lächeln im Kindergesicht. »Das ganze Obst und Gemüse hier kommt von der Tafel. Also Lebensmittel, die der Handel oder die Hersteller am liebsten vernichten würden, weil sie so mehr daran verdienen.« Timo Schmitt sieht aber noch eine andere Verbindung zum Thema Lebensmittelverschwendung: »Ich achte persönlich darauf, dass

Chefkoch

das, was am Ende übrig bleibt, auch verteilt wird. Ich gehe auf dem Nachhauseweg an so vielen Obdachlosen vorbei, die freuen sich, wenn ich ihnen die Reste gebe, das ist ja noch einwandfrei.«

Eine große Schüssel wird mit Quark gefüllt. Cem schlängelt sich zwischen den anderen Kindern durch, mit einem Brettchen voller Petersilie. Der Junge hat sichtlich großen Spaß, die Kräuter in den Quark zu rühren. »Darf ich mal probieren?«, fragt er artig. »Na klar, aber nur mit dem Löffel«, antwortet der Erzieher.

Bei der Ernährungsbildung ist das Ausprobieren der Schlüssel: »Die Kinder kriegen eher den Zugang, wenn sie es selbst machen«, ist Timo Schmitt überzeugt. »Sonst ist es wieder nur ein Ding, das die Erwachsenen machen, und die Kinder entwickeln kein Interesse dafür.«

In der Zwischenzeit kocht der große Wassertopf, Ali will die Kartoffeln hineinschütten. »Ganz langsam, damit du keinen heißen Spritzer abbekommst.« Pellkartoffeln isst er heute zum ersten Mal, er kennt die Kartoffeln nur als Pommes. Und was Zucchini sind, hat er ebenfalls erst heute gelernt: »Die schmecken ganz gut.« Timo Schmitt war schon während seines Studiums in Münster als Freiwilliger bei der Tafel. Als er nach Berlin kam, hätte er eine sehr viel besser bezahlte Stelle bekommen können. »Die PEB wollte mich abwerben.« Unter den Hauptsponsoren der »Plattform Ernährung und Bewegung« sind Kellogg's, Coca Cola und der Bundesverband der Zuckerindustrie. »Das kam für mich nicht infrage, da kann man sich ja vorstellen, was das wirkliche Ziel dieser Plattform ist. Um gesunde Ernährung geht es denen jedenfalls nicht.«

Am meisten ärgert ihn, dass so viele Kinder heute Margarine essen: »Das war der größte Coup der Ernährungsindustrie, uns vorzugaukeln, die Margarine sei gesünder.« Studien belegen inzwischen, dass Margarine entgegen den Versprechungen der Werbung keineswegs vor Herz-Kreislauf-Erkrankungen schützt, sondern sogar ungesünder ist als Butter. »Es ist ein Abfallstoff der Industrie, der auch nicht gesünder wird, wenn man ihn mit Vitaminen anreichert.« Das einzige Gegenmittel ist, glaubt Timo Schmitt, wenn die Kinder lernen, ihren Geschmackssinn zu entwickeln. Doch wie nachhaltig ist so ein Kinder-Kochkurs? Wenn die Kinder zu Hause sind und feststellen, dass es doch viel einfacher ist, vorbereitete Gerichte zu essen? »Natürlich, in der heutigen Zeit muss alles schnell gehen,

Chefköche

deswegen darf so ein Kurs keine Eintagsfliege sein.« Aber der Kampf gegen die Industrieprodukte ist mühsam: »Die hauen da Geschmacksverstärker rein und Stoffe, die die Kinder regelrecht abhängig machen.« Für Timo Schmitt ist es daher wichtig, dass sie den Geschmack unverarbeiteter Lebensmittel kennenlernen. »Deshalb gehört in jede Schule und in jeden Kindergarten ein Schulgarten.«

Fertiggerichte wirft man auch leichter weg, davon ist er überzeugt: »Das ist den Leuten einfach verloren gegangen: Die Wertschätzung für die Lebensmittel.« Wenn noch einwandfreie Lebensmittel weggeworfen werden, hat das aber auch mit Unkenntnis zu tun: »Bananen mit braunen Flecken auf der Schale sind ja gerade richtig, schön süß, aber die meisten Leute schmeißen sie einfach in die Mülltonne. Weil nebenan im Supermarkt aufgereiht die Superbananen liegen, ganz ohne Flecken. Aber noch unreif.« Er will den Kindern deshalb zeigen, dass Geschmack und Aussehen oft nicht identisch sind.

Das Obst für den Nachtisch ist schon fast überreif. »Gerade so ist es am leckersten.« Zunächst schneiden die »Nachtisch-Beauftragten« Alice und Aydin die faulen Stellen weg. Dann wird die Mischung püriert: Eine hält die Schale, während die andere den elektrischen Mixstab anwirft. Die beiden Nachwuchsköchinnen sind so konzentriert bei der Sache, dass sie gar nicht bemerken, dass sich der Rest der Klasse schon an den Tisch gesetzt hat. Die Kurse der Berliner Tafel finden nicht nur in den Schulen selbst statt. Wenn keine Schulküche vorhanden ist, kann auch das KIMBAmobil geordert werden – ein Doppelstockbus. Unten ist die Küche, mit einer langen Arbeitsplatte, die genug Fläche hat für 12 Kinder, und oben ein Tisch mit den Essplätzen.

Der quietschgelbe und buntbemalte KIMBA-Bus ist beliebt: Er steuert pro Jahr etwa 50 Schulen an. 2012 hat er noch einen Bruder auf Schienen bekommen: den KIMBAexpress, ein umgebauter Eisenbahnwagen, der in der Nähe der Tafel-Zentrale im Berliner Großmarkt in der Beusselstraße stationiert ist.

Chefköchinnen

Freche
Früchtchen-Suppe

Das wird gebraucht:

1 große Zwiebel
1 Ananas
2 Mangos
1 l Gemüsebrühe
1 große mittelscharfe Chili /
alternativ **1 TL** Harissa
(nordafrikanische Chilipaste)
Salz, Pfeffer
Paprikapulver

So geht's:

Zwiebel hacken; Ananas und Mango würfeln; Chili klein schneiden. Zwiebeln in Öl anschwitzen, Obstwürfel dazu, kurz anbraten und mit Gemüsebrühe ablöschen. 15 Minuten bei geschlossenem Topf einkochen lassen, Chili/Harissa dazugeben; pürieren. Mit Salz, Pfeffer und Paprikapulver abschmecken, mit etwas Petersilie garnieren.

GUT ZU WISSEN:

Schmeckt warm, kann aber auch gut kalt gegessen werden. Die Gemüsebrühe am besten selbst machen. Wer keine Zeit findet: Die Fertigpulver enthalten fast immer Geschmacksverstärker wie Glutamat. Selbst teure Marken wie Maggi enthalten Glutamat, oder sie verschleiern die Geschmacksverstärker in der Zutatenliste als »Hefe-Extrakte«. Besser ist Vegeta aus dem Reformhaus, und neuerdings sogar einige Discounter-Marken wie Karat, wichtig ist der Hinweis »hefefrei«.

Himmel und Erde

Bratbirnen mit Karotten, Röstzwiebel und Kartoffelbrei

Das wird gebraucht:
5 Birnen
5 Karotten
1 große Zwiebel
1 kg Kartoffeln
Öl *(für die Pfanne)*
250 ml Milch
Salz, Pfeffer
Muskat

So geht's:

Kartoffeln schälen, würfeln und in Salzwasser weich kochen. Zwiebeln hacken, Birnen und Karotten würfeln. Kartoffeln mit einem Sieb abgießen, im Topf dann mit der Milch zusammen zu einem Püree stampfen, mit Muskat, Salz und Pfeffer abschmecken, eine Butterflocke dazu.

Zwiebeln mit etwas Öl in der Pfanne scharf anbraten, Birnen- und Karottenwürfel dazugeben (nicht zu viel Öl nehmen, da die Birnen noch Saft abgeben) und für circa 10 Minuten unter gelegentlichem Umrühren bei mittlerer Hitze köcheln lassen.

Wenn Birnen und Möhren braun werden, fangen sie an zu karamellisieren. Aber Vorsicht: Der Brei sollte flüssig bleiben. Notfalls etwas Birnensaft oder Gemüsebrühe dazu.

GUT ZU WISSEN:

Das Gericht ist eine Abwandlung des rheinischen »Himmel un Ääd«. Dort werden allerdings eher Äpfel (»Himmel«) mit den Kartoffeln (»Erde«) kombiniert sowie angebratene Blut- und Leberwurst dazu serviert. Traditionellerweise ist das Fleisch aber eher die »Beilage«, eine kleine Menge reicht.

Berliner
Frühlingsrolle

Das wird gebraucht:

4 Eier
150 g Reis / alternativ Hirse
400 g Mehl
200 g Frischkäse
400 ml Milch
1 Knoblauchzehe
1 EL Salz
2 Tomaten
1 TL Zucker
1 Salatgurke
Pfeffer
1 Bund Petersilie

GUT ZU WISSEN:

Der Hit bei den Kinder-Kochkursen! Alle Zutaten stammen aus der Region. Die Gemüsefüllung ist sehr variabel, gut passend sind auch Zucchini, Paprika, Gurken, Schnittlauch, Petersilie und Knoblauch.

So geht's:

Eier mit dem Mehl verquirlen, Milch unterrühren, Salz und Zucker dazugeben.

Reis im zugedeckten Topf mit Salzwasser kurz aufkochen und danach so lange köcheln, bis das Wasser verkocht ist (Verhältnis Wasser zu Reis: 2:1).

Während der Eierkuchenteig im Kühlschrank noch etwas ruht (so lösen sich auch die letzten Mehlklümpchen), die Tomaten und die Gurke fein würfeln (so lassen sich später die Rollen besser wickeln), Knoblauch und Petersilie fein hacken und alles in den Frischkäse einrühren.

Den fertigen Reis ebenfalls in die Füllmasse geben und gut verrühren; das Ganze mit Salz und Pfeffer abschmecken.

Den Eierkuchenteig aus dem Kühlschrank nehmen, gut umrühren und dann wie gehabt in einer gefetteten Pfanne von beiden Seiten goldbraun ausbacken. Anschließend die Eierkuchen mit etwas Füllung bestreichen und dann einrollen *(Vorsicht beim Einrollen, falls die Eierkuchen noch sehr heiß sind!)*.

Blumenkohl-Schnitzel
mit Kressequark

Das wird gebraucht:
1 großer, fester Blumenkohl
500 g Quark
Salz, Pfeffer
2 Schalen Kresse
1 Knoblauchzehe
2 Eier
1 kleine Zitrone
1 Tasse Mehl
1 Tasse Milch
1 Tasse Panade

So geht's:

Blumenkohl in kochendem Salzwasser (oder Gemüsebrühe)
3–4 Minuten kochen.

Während der Blumenkohl etwas abkühlt, alles für das Panieren
vorbereiten: eine Schale mit Mehl, eine mit den verquirlten Eiern,
Salz und Pfeffer und eine mit der Panade.

Knoblauchzehe fein hacken, Kresse schneiden, Zitrone auspressen.
Den Quark mit der Milch, der Kresse, dem Knoblauch und etwas
Zitronensaft verrühren, bis eine gleichmäßige Masse entsteht.

Mit Salz und Pfeffer abschmecken und bei Belieben noch etwas
Zitronenschale dazureiben (nur Bio-Zitronen verwenden). Im Kühlschrank abgedeckt durchziehen lassen.

Den abgekühlten Blumenkohl in 1–2 cm dicke Scheiben schneiden.
Je nachdem wie dicht der Blumenkohl gewachsen und wie groß der
Strunk ist, kann es sein, dass einige Scheiben auch in einzelne Rös-
chen zerfallen. Also nicht verzweifeln, wenn sich nicht der ganze
Blumenkohl in Scheiben schneiden lässt.

Die Blumenkohl-Schnitzel-/-Röschen von beiden Seiten wie folgt
panieren: Mehl, Ei, Panade. Darauf achten, dass die Schnitzel/Rös-
chen danach möglichst rasch in die Pfanne kommen, da sich mit
fortschreitender Zeit die Haftung der Panade verringert.

In einer geölten Pfanne von beiden Seiten braten, bis die Panade
eine schöne goldbraune Färbung bekommt *(immer darauf achten,
dass das Öl ausreichend erhitzt ist, da die Panade sonst zu viel Öl
aufsaugt)*.

157

GUT ZU WISSEN:

Man kann Panade ganz einfach selbst herstellen. Dies ist eine gute Gelegenheit, alte Backwaren noch sinnvoll zu nutzen. Dazu das Brot oder die Brötchen trocknen, bis sie hart sind, und dann mit einer Reibe zu feinem Paniermehl reiben. Auch Cornflakes sind geeignet, am besten die ohne Zuckerzusatz (es sei denn, eine süße Panade ist gewünscht, dazu eignen sich gezuckerte Frühstücksflocken oder süße Kekse wie Amarettini).

Dazu können fein geriebener Hartkäse (z. B. Parmesan) und Gewürze wie Paprika, Kreuzkümmel etc. gegeben werden. Besonders gut eignen sich getrocknete Kräuter. Oder ganz im Sinne der Essensrettung auch frische Kräuter, die schon etwas älter sind. Einfach komplett trocknen und dann unter die Panade mischen. Im Grunde ist alles möglich, was geschmacklich passt und die Panade nicht zu feucht werden lässt.

silbermond ★★★

LEBENS-MITTEL KREATIVITÄT

Mit Schwung setzt Stefanie Kloß den vollen Einkaufskorb auf dem Küchentisch ab. »Geschafft«, strahlt sie, »alles beieinander für ein richtig leckeres Mittagessen!« Darauf hat sich die Frontfrau der Band Silbermond schon länger gefreut: das Mikro gegen den Kochlöffel zu tauschen und eine Zeit lang einfach nur die ganz private Stefanie zu sein, die in der Gemeinschaftsküche des Studios ihre »Bandfamilie« bekocht.

Solange sie auf Tour sind, ist ans Selberkochen nicht zu denken. »Doch irgendwann unterwegs kommt immer der Punkt«, sagt die Sängerin, »da hast du auch das beste Catering satt. Außerdem gehört es bei uns zum Bandleben einfach dazu, zusammen Musik zu machen, zusammen zu kochen und zu essen«, erklärt sie, während sie die mitgebrachten Lebensmittel auspackt. Möhren, Frühlingszwiebeln, ein paar schon etwas »reife« Champignons, Kartoffeln und anderes mehr. Das meiste davon stammt aus ihrem gemeinsamen Haushalt mit Thomas Stolle, dem Gitarristen der Band. Nur die drei roten Spitzpaprika nicht, die zum Schluss zum Vorschein kommen. Die hat Thomas' Bruder, Silbermond-Bassist Johannes Stolle, beigesteuert. »Johannes kocht sich zu Hause öfter mal ein Pfannengemüse, und die Paprika hatte er vom letzten Mal noch übrig«, erzählt Stefanie.

Was sie heute kochen wird, hat die »Studioköchin« nach der kleinen Sammelaktion in verschiedenen Musikerhaushalten aus dem Stegreif entschieden, noch eine Dose Kokosmilch dazugekauft und bei Schlagzeuger Andreas Nowak ein Gläschen rotes Thaicurry aus dem Küchenregal abgestaubt. Sinn fürs Kulinarische haben anscheinend alle bei Silbermond. Von ihrem Schlagzeuger spricht die Sängerin dabei mit besonderem Respekt. »Der ist so ein total wacher Typ, der viel nachdenkt, auch übers Essen und Nachhaltigkeitsfragen«, sagt sie. Er sei auch immer der Erste in der Band, der sich mit solchen Themen wie Lebensmittelverschwendung beschäftigt oder Filme wie »Taste the Waste« gesehen hat.

Inzwischen hat Stefanie Kartoffeln geschält und in zwei Töpfen auf den Herd gestellt: links Süßkartoffeln, rechts die echten Kartoffeln. Während sie in der geräumigen Studioküche werkelt, stimmt sie immer wieder kurze Passagen aus ihren Songs an. Ihre Welt ist das Singen. Ein Instrument spielen zu lernen, dafür habe ihr einfach immer die Geduld gefehlt, erklärt sie und lässt kokett das Bekenntnis folgen, sie sei überhaupt eher der chaotische Typ. Die akkurat gleichmäßig dünn geschnittenen Gemüse-Schrägstreifen, die sie säuberlich getrennt in verschiedene Schüsseln sortiert hat, behaupten das komplette Gegenteil. »Na ja«, räumt die angebliche Chaotin mit einem Lächeln ein, »ein bisschen was fürs Auge soll das Essen ja auch bieten. Und außerdem ist das wichtig, damit das Gemüse schnell gart und trotzdem schön bissfest bleibt.« Klingt doch perfekt. Genauso wie das, was sie so nebenbei zum Thema Salatsoßen sagt: »Übermorgen hat Johannes Geburtstag, und dafür werde ich einen gemischten Salat vorbereiten, mit meinem Spezialdressing! Das ist ganz einfach selbst zu machen, mit Zutaten, die man fast immer im Hause hat: Essig, Öl, Senf, Honig, Salz und Pfeffer! Was Fertiges aus der Tüte käme mir da nie rein, das schmeckt einfach zu künstlich.«

Doch Stefanie macht auch kein großes Geheimnis daraus, dass die Band wie viele andere gelegentlich auch mal mit einem der sattsam bekannten Burgerbrater vorliebnimmt oder den Pizzaservice anruft, wenn die Zeit knapp ist, und dass sie es natürlich trotz allem, was dann zu kurz kommt, immer wieder lieben, auf Tour zu sein. Kreative Pausen nach den Liveauftritten und das Gefühl, zu Hause zu sein, braucht man freilich auch als Musiker von Zeit zu Zeit. In einer Welt, in der einen immer Zweifel begleiten, »ob das Gute gewinnt«, tut es gut, aufzutanken und sich mal für eine Weile nur an die handfesteren Alltagsdinge zu halten. So wie es das Video zu Silbermonds neuestem Album »Himmel auf« nahelegt. Es stellt die große Frage nach dem Glück und antwortet mit vielen kleinen Augenblicken, in denen Menschen sich einfach gut aufgehoben fühlen im Leben. Füreinander zu kochen und das Essen miteinander zu teilen, sind dabei nicht die geringsten.

»Eine Gemeinschaftsküche ist übrigens auch keine schlechte Nahrungsquelle für das Kreative«, das weiß die Profimusikerin aus der Erfahrung mit mehreren Alben, die Silbermond hier im Studio in Berlin-Adlershof aufgenommen hat. Selbst musikalische Ideen müssen schließlich einen Reifeprozess durchmachen, und ausgedehnte

Essenspausen in geselliger Runde verschaffen ihnen genug Muße und die passende Familienatmosphäre dafür. Darum hat sich die Band auf ihrer »Kreativbasis«, wie Stefanie das Studio nennt, auch so ausgesprochen häuslich eingerichtet. Sie zum Beispiel hat Tage allein auf die Suche nach der reich ornamentierten Barocktapete für die Studioküche verwendet. Gefunden hat sie diese schließlich bei einem, wie sie mit einem leicht melodramatischen Unterton anmerkt, »reizenden älteren Herrn, einem echten Tapetenfreund« in einer Seitenstraße vom Ku'damm.

Thomas, der die kochende Sängerin fast um Haupteslänge überragt, schaut ihr jetzt beim Gemüseschnippeln über die Schulter und greift sich den kleinen Stahlring, der neben den Süßkartoffeln auf dem Herd liegt. »Was hast du denn damit vor?«, fragt er neugierig und deckt nebenbei den offenen Kartoffeltopf zu. Letzteres quittiert Stefanie mit einem Lächeln und vertröstet ihn auf später, was den Zweck des rätselhaften Küchenutensils betrifft.

Seit drei Jahren seien sie ein Paar, das auch zusammenlebt, erzählt sie. Als Bandkollegen kennen sich die beiden allerdings sehr viel länger. Mehr als 14 Jahre sind die vier Musiker aus Bautzen nun schon als Quartett in der Musikszene aktiv. Getroffen haben sie sich im musikalischen Jugendprojekt TEN SING. Die Idee dazu ist ein Import aus Norwegen, und der Name ist eine Kurzform für »Teenager singen«. Der Christliche Verein Junger Menschen (CVJM) hat weltweit ein ganzes Netzwerk solcher TEN-SING-Gruppen etabliert, in denen christlich geprägte Jugendarbeit stattfindet. »Man muss aber nicht in der Kirche sein, um da mitzumachen«, sagt Stefanie, »bei Silbermond ist jedenfalls keiner sonderlich religiös.« Sie war gerade 14 Jahre alt, als sie anfing, im Chor des Bautzener TEN-SING-Projekts mitzusingen, und ihr Interesse galt von Anfang an vor allem dem Gesang.

Die drei Jungs waren schon etwas länger dabei und spielten bereits einige Zeit als Band zusammen, bevor Stefanie dazukam. Zuerst nannten sich die vier »Exakt« und dann »Jast«, nach den Anfangsbuchstaben ihrer Vornamen. Doch »Silbermond« war der erste Bandname, der ohne langes Tüfteln plötzlich da war und sich für alle spontan richtig anfühlte. So geht es offenbar auch den überwiegend jugendlichen Fans, die in den inzwischen ausschließlich deutschen Songtexten viel von dem wiederfinden, was sie täglich bewegt: die Lust am Leben, der Frust und die Zweifel, Glücksge-

fühle und Trennungsschmerzen, die Spannung zwischen Rebellion und Reflexion, zwischen Jungsein und Erwachsenwerden. Stefanie Kloß selbst ist als behütetes Landkind aufgewachsen, auf einem dieser schönen alten Dreiseitenhöfe mit Garten und Landwirtschaft, in Caminau bei Bautzen. »Ein kleines, aber tolles Dorf«, wie die Wahlberlinerin mit Nachdruck betont, wobei sie fast ein bisschen trotzig klingt. So, als wollte sie sagen: Ihr könnt mich ruhig für provinziell halten, aber auf unser Landleben von damals lasse ich nichts kommen!

Vor allem der intensive Geschmack der selbst erzeugten, frischen Lebensmittel und das Tauschen und Teilen in der Dorfgemeinschaft sind Stefanie lebhaft in Erinnerung geblieben. »In Omas Garten gab's eigentlich nichts, was es nicht gab«, erzählt sie. Rhabarber, Erdbeeren, Kirschen. Tomaten, die noch richtig nach Tomaten schmeckten, die besten Gurken der ganzen Welt und jede Menge Apfelbäume auf der Wiese hinter dem Gartentor. Als die Oma schon älter war und die Gartenarbeit beschwerlich für sie wurde, halfen alle mit, die Äpfel zu ernten, und was nicht lagerfähig war, nahm der Bäcker gern zum Kuchenbacken. Dafür bekam die Großmutter zum Dank jedes Mal ein Blech Apfelkuchen ab. »Wenn der Metzger zum Schlachten kam, waren alle dabei, und das Tier wurde im ganzen Dorf verteilt.« »Nix für Vegetarier«, lacht Stefanie, »ich weiß. Aber immerhin wurde da wirklich alles verwertet!« Gern erinnert sie sich auch an den kulinarischen Erfindungsreichtum ihrer Großmutter, der es genügte, einmal mit der Schüssel quer durch den Garten zu gehen. Danach hatte sie genug frisches Gemüse für eine Mahlzeit geerntet und spontane Ideen für die Zubereitung gleich mit. »Meine Mutter hat so das Kochen ohne Rezept von der Oma gelernt und auch mir auf diese Weise beigebracht. Für mich ist das beim Essenkochen wie in der Musik, das Spontane, Kreative macht mir am meisten Spaß. Ich schau, was da ist, und dann erfinde ich was daraus.«

So wie hier, in der Gemeinschaftsküche des Tonstudios, wo sich die eingesammelten Überbleibsel unter Stefanies Händen gerade in ein appetitlich duftendes Gemüsecurry verwandelt haben. Und nun kommt endlich auch der geheimnisvolle Ring zum Einsatz. Schicht auf Schicht füllt Stefanie vor den Nasen der staunenden Bandkollegen pürierte Süßkartoffeln und Kartoffelscheiben in die Ringform, legt Basilikumblätter dazwischen und zieht den Ring vorsichtig nach oben ab. »Voila, Jungs, fertig ist das Tagesgericht aus der Silbermond-Küche. Lasst es euch schmecken!«

Bunter Sommersalat
mit Bautzener-Senf-Dressing

Das wird gebraucht:

★ **für den Salat**

1 Kopfsalat *(z.B. grüner, Lollo Rosso, Frisée, Römersalat)*
250 g Blattsalate *(Rauke, Feldsalat, Chicorée, Portulak, Löwenzahn)*
Gurke
Paprika
Tomaten in allen Farben
Radieschen
Pilze
u.v.a.m.
frische Kräuter aller Art

★ **für das 1:4-Dressing**

4 EL Olivenöl
1 EL Balsamico
1 EL Bautzener Senf, mittelscharf
1 EL Honig
Salz, Pfeffer

So geht's:

Alle Dressing-Zutaten in ein Mixgefäß geben und mit Gabel oder Schneebesen glatt rühren.
Alle Salate und Gemüse putzen und in Streifen oder Scheiben schnippeln. Kräuter fein hacken oder grob zupfen, ganz wie gewünscht. Alles in einer Salatschüssel anrichten, aber erst kurz vor dem Auftischen mit dem Dressing beträufeln und einmal kurz durchmischen. Sieht mit essbaren Blüten dekoriert besonders hübsch aus, Kapuzinerkresse zum Beispiel, Ringelblumen, Gänseblümchen, Borretsch oder Rosenblütenblätter, je nachdem, was gerade greifbar ist.

GUT ZU WISSEN:

Für Silbermondmitglieder ist »Bautzener Senf« natürlich Pflicht. Das Dressing schmeckt aber auch, wenn andere Produzenten ihren Senf dazugeben durften. Nur »mittelscharf« und fein aromatisch muss er sein, damit er die übrigen Zutaten nicht übertönt. Der Salat und die Kartoffeltürmchen sind übrigens auch eine prima Kombination.

Stefanies schnelles
Gemüsecurry

Das wird gebraucht:
(Reicht für die ganze Band)
3 rote Spitzpaprika
300 g Möhren
250 g Champignons
1 Bund Frühlingszwiebeln
2 – 3 Knoblauchzehen
1 Dose Kokosmilch
1 EL rote Thaicurry-Paste
Olivenöl
Salz, Pfeffer

So geht's:

Geschälte Möhren schräg in dünne Scheiben schneiden. Paprika-schoten und Frühlingszwiebeln putzen und ebenfalls in schmale Schrägstreifen schneiden. Knoblauch schälen und ebenfalls dünn schneiden, Pilze vierteln.

Öl im Wok erhitzen, Knoblauch und die Zwiebelstreifen kurz darin anschwitzen, aus dem Topf nehmen und beiseitestellen. Möhren- und Paprikastreifen ebenfalls kurz im Öl dünsten, etwas später auch die Pilze dazutun, nach Geschmack mit etwas Salz und Pfeffer würzen und schließlich die Kokosmilch angießen. Sobald die Flüssigkeit kocht, Knoblauch und Zwiebeln untermischen und alles kurz aufkochen. Zum Schluss die Currypaste hineinrühren, noch einmal kurz ziehen lassen und dann servieren: klassisch mit Basmatireis, mit Nudeln von Spaghetti bis Penne oder begleitet von den Süßkartoffel-Türmchen »Silbermond«!

GUT ZU WISSEN:

In so ein Curry kann man praktisch alles hineinschnippeln, was in verschiedenen Haushalten gerade so an Gemüse wegmuss, auch Kürbis, Auberginen, Bohnen oder Kohl. Wichtig ist nur, dass man feine Streifen oder Scheiben schneidet, damit das Gemüse trotz kurzer Kochzeit gar wird, dabei aber bissfest bleibt. Und Vorsicht mit der Currypaste – am besten erst nur mit einem Teelöffel abschmecken und den Rest nach und nach, manche mögen's nicht so »heiß«!

Süßkartoffel-Türmchen
Silbermond

Das wird gebraucht:

(Ergibt mindestens 4 Türmchen mit ca. 8 cm Ø)

2 große Süßkartoffeln
4 große Kartoffeln
30 g Butter
1 Tasse Milch
1 Handvoll Basilikumblätter
Salz

So geht's:

Kartoffeln und Süßkartoffeln schälen, in dicke Scheiben schneiden und separat in Salzwasser kochen. Die Süßkartoffelscheiben sind etwas schneller gar, weshalb sie zuerst abgegossen und mit einem Stich Butter und einer Tasse Milch zu Brei zerstampft werden. Zwischendurch eine Handvoll Basilikumblätter zupfen. Die Kartoffeln abgießen, aber im warmen Topf lassen. Stahlringe auf die Teller setzen, jeweils am Boden eine Schicht von den in Scheiben gekochten Kartoffeln in Kreisform legen, das Süßkartoffelpüree darauf als nächste Schicht verstreichen, mit einer Schicht Basilikum bedecken und nach Belieben bis oben hin weiter so schichten. Zum Schluss den Ring nach oben abziehen und das Türmchen nach Geschmack dekorieren: zum Beispiel mit dünnen Gemüsestreifen, mit Fäden von getrockneten Chilischoten oder einem Kräuterzweig.

GUT ZU WISSEN:
Zum Turmbau eignen sich Minitortenringe aus Edelstahl, wie es sie für geformte oder farblich geschichtete Süßspeisen im Küchenladen oder Supermarkt zu kaufen gibt. Es ist praktisch, gleich ein paar davon anzuschaffen. Dann lassen sich leichter mehrere, noch warme Kartoffeltürmchen gleichzeitig servieren.

TOM RIEDERER

DIE KÜCHE ALS ERFINDUNGS-REICH

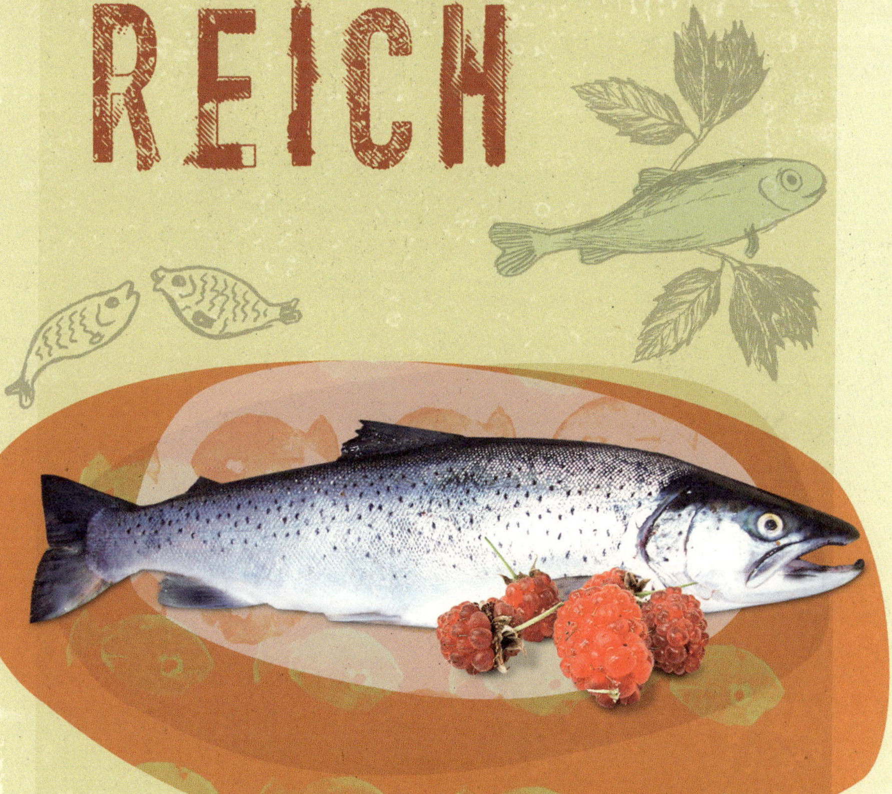

T.O.M ® am Kochen.

SCHWARZE SCHALE, WEISSER KERN!

Das Himbeergelee ist fast fertig. Tom Riederer streicht die leuchtend rote Masse durch ein Haarsieb, damit die kleinen Fruchtkerne zurückbleiben. Perfekt! Nun noch schnell die Kernchen auf Pergament ausklopfen und in die Sonne legen. »Wenn sie ganz getrocknet sind, mahle ich sie mit etwas Meersalz. Das gibt ein feines Fischgewürz!«, erklärt der groß gewachsene Koch mit den strahlenden braunen Augen seine ausgefallene Verwertungsidee. Dann wendet er sich der verführerisch duftenden Suppe zu, die auf dem Herd nebenan vor sich hin köchelt. Er hat sie aus trocken gewordenen Brotresten von gestern zubereitet. Auch sie wird passiert, und auch diesmal klopft der Küchenchef das Sieb nicht im Ausguss, sondern auf Pergament aus. »Wenn man das später vorsichtig in Stücken abhebt, hat man die zarteste Knusperdeko, die man sich vorstellen kann!«

»Futter« für den Abfalleimer gibt es wenig in dieser Restaurantküche im österreichischen Leutschach. Kaum etwas wird hier einfach weggeworfen. Wie die Schalen vom schwarzen Bierrettich zum Beispiel. Die schneidet man rund ab und macht einen prima Trüffelersatz daraus! Möhrenschalen in allen Farben? Klarer Fall für Tom Riederer! Genauso wie für Manuel Liepert, den zweiten Mann hier am Herd: Erst wird Fond davon gekocht. Dann stellen sie ein feines Püree aus den gegarten Schalen her und denken sich immer neue Verwendungen dafür aus, einen Brotaufstrich zum Beispiel oder die Verfeinerung von Soßen und Suppen.

Je länger man in dieser kleinen Küche zusieht, desto weiter steht einem der Mund offen. Unglaublich, was hier alles aus Resten und Überbleibseln wird. Ausgerechnet dort, wo andere nichts als Abfälle sehen, hat dieser steirische Küchenchef eine schier unerschöpfliche Rohstoffquelle für delikate Einfälle gefunden. Wegwerfen empfindet der kreative Koch als beklagenswerten kulinarischen Kurzschluss, und »fantasielos« ist noch das freundlichste Wort, das er dafür übrighat. Leute, die Essbares gedankenlos behandeln, können den sonst so gelassenen Österreicher richtig in Rage bringen.

Sein Kochbuch titelt drastisch: »Nur der Idiot wirft's weg!« Weit über hundert Ideen für die restlose Verwertung von Lebensmitteln hat er darin versammelt. Und selbst dies ist nur eine kleine Kostprobe vom überbordenden Erfindungsreichtum des Spitzenkochs. Vor nichts hat er Angst, nicht mal vor Hahnenkämmen oder Sauzehen. »Warum auch?«, fragt er. »In Asien kommt schließlich auch alles vom Schnabel bis zur Zehe in den Topf. Warum sollen wir da nicht mal panierten Hahnenkamm versuchen, zarter kann Hähnchenfleisch gar nicht schmecken!«

So wie er es sieht, müssten nicht mal die Gebeine vom Hähnchen in den Müll geworfen werden. Früher haben die Bauern die Knochen vom Sonntagsbraten erst zur Brühe ausgekocht und dann noch damit geheizt, echte Kreislaufwirtschaft mit Vollverwertung, da blieb wirklich nichts übrig. Auch, »dem Dr. Oetker Zitronenzucker abzukaufen«, findet Tom völlig abwegig. Jede Zitronenschale, in Zucker gelegt und gemahlen, erfülle den Zweck viel besser und sei auch noch billiger. In seiner Küche werden so zum Beispiel auch Rote-Bete-Schalen karamellisiert und im Schokoladenkuchen verarbeitet. Brot mache ihn besonders erfinderisch, sagt Tom. Was er bei seiner Großmutter eigentlich gehasst hat, war ihr Honigbrot aus pappigem Industrietoast, dick mit eiskalter Butter und kristallisiertem Industriehonig beschichtet. Inzwischen hat er es zur Kunstform erhoben, solche ungeliebten Speisen aus Kindertagen in ausgewachsene Delikatessen zu verwandeln, als Honigbroteis zum Beispiel und dann karamellisierte Birnen dazu, lecker! Wertschätzung für Lebensmittel ist das oberste Prinzip für den kulinarischen Überzeugungstäter Tom Riederer. Manuel Liepert, der erst vor Kurzem aus Süddeutschland hierhergezogen ist, nickt dazu heftig. Die beiden Männer verstehen sich fast ohne Worte, beim Kochen und auch bei der Auswahl der Rohstoffe für die Küche. »Weitgereistes sparen wir uns fast völlig«, sagt Tom. Er geht am liebsten mit der Einstellung auf den Markt: Mal sehen, was es gibt und wozu ich Lust habe! Mindestens drei Viertel müssen für ihn dabei aus nächster Nähe stammen, mit höchstens 50 Kilometer Transportweg, und zur Saison passen soll es auch!

Der Teil der Steiermark, der Leutschach in diesem Radius umgibt, lässt für findige Köche ohnehin kaum Wünsche offen. »Wir haben hier sogar Kiwis, Karambolen, Mangos, Topinambur und »Buddhas-Hand«-Zitronen. Oder Waldspargel – den hol ich mir selber aus dem Wald. Selbst Trüffel gibt es hier!«, schwärmt Tom.

Besonders gern kauft der naturverbundene Steirer bei seinen Lieblingslieferanten direkt in der unmittelbaren Umgebung von Leutschach ein. Die Ölmühle seines Freundes Thomas Hartlieb ist kaum 10 Kilometer weit weg. Tom kommt schon beim Gedanken an die Ölqualitäten des Slow-Food-Mitglieds ins Schwärmen. Der traditionsbewusste Ölmüller entlockt dem steirischen Ölkürbis nach einer seit über 100 Jahren in der Familie überlieferten Methode sein »grünes Gold«, und die macht den Unterschied. »Andere machen auch Kürbiskernöl«, sagt Tom dazu, »und wer die Urmethode und ihr Ergebnis nicht kennt, merkt den Qualitätsunterschied überhaupt nicht und lässt sich lasches, ranziges Zeug unterjubeln.« Eine der Spezialitäten der Mühle ist das milde Öl der Erdmandel, das Tom für Süßspeisen bevorzugt. Dabei vergisst er auch nie, ein paar Kilo Erdmandel-Pressmehl mitzunehmen. Anderswo wird Presskuchen primär an Tiere verfüttert. Aber das lässt einem Tüftler wie Tom natürlich keine Ruhe. Seiner Devise, dass man aus allem etwas machen kann, folgen so auch die süßen Schmankerln, für die er Erdmandelmehl verwendet.

Das gilt auch für die Fische, die sich Tom zusammen mit Manuel bei Siegfried Jammernegg frisch aus dem Zuchtteich holt. Die Forellen und Saiblinge, die der Milchbauer im Nebenberuf züchtet, ernährt er nämlich unter anderem mit dem eiweißreichen Presskuchen vom Kürbiskernöl. »Vor allem aber vermeidet der Siggi alles, was nach Turbomast riecht«, erzählt Tom. »Die Fische aus seinen Natursteinbecken sind so fest im Fleisch, dass wir die Gräten kaum ausgezogen bekommen, wenn wir die nicht ein paar Tage kühl liegen lassen.« In den vom frischen Wasser eines Gebirgsbachs durchflossenen Fischteichen von Bauer Jammernegg wachsen die Tiere außerdem langsam, nicht wenige Monate, sondern unter Umständen mehrere Jahre. Tom weiß die Qualität dieses »Slow Fisch«-Angebots sehr zu schätzen, die mühelos den aufwendig und doch mäßig frisch herangekarrten Meeresfisch in den Schatten stellt. »Es gibt Leute«, klagt er, »die essen kein Fleisch mehr, wollen dann aber von mir Steinbutt und Wolfsbarsch haben. Wir verarbeiten aber aus Prinzip keinen Meeresfisch! Es ist doch im Zweifel auch besser, vernünftige Zuchtformen für die Ernährung zu nehmen, als das Meer leer zu fischen!«

Thomas Riederer ist in einer Familie von Gastronomen groß geworden. Dennoch sah es lange gar nicht so aus, als sei er zum Küchenmeister geboren, schon gar nicht zu einem, der mit Schalen

und Kernen als Delikatessen von sich reden macht. Als der Österreicher 1973 im beschaulichen Leutschach in der Südsteiermark zur Welt kam, hatten seine Eltern das Gasthaus »Kirchenwirt« in der Ortsmitte gepachtet. Später betrieb die Familie ein Hotel in Oberösterreich. Dort und auf der Fachschule in Ischl lernte Tom alles, was einer können muss, der Hotels führen will. Nur hatte der Sohn wenig Lust, in die elterlichen Fußstapfen zu treten.

Eine Zeit lang versuchte er sich stattdessen als Privatkoch einer österreichischen Wirtschaftsdynastie, holte schließlich Abitur und Studium nach und wurde Personalchef im öffentlichen Dienst. Doch auch das blieb er nur so lange, bis ihm klar war, dass er sein weiteres Leben nicht in Amt und Würden verbringen wollte, nicht mal für gutes Geld und einen Hofratstitel. Von da an begann Tom zu suchen. »Ob Bar oder Disco, Restaurant oder Würstchenbude, das war mir gar nicht so wichtig. In erster Linie wollte ich mein eigener Herr sein und Ideen verwirklichen, in die mir niemand reinredet!«, sagt er über das Ziel seiner Wünsche.

Ende 2003 traf er einen Freund in Leutschach und fand sich plötzlich durch die offene Hintertür im halb verfallenen »Kirchenwirt« wieder. »Ich wusste sofort, das ist es!«, erzählt der heutige Besitzer der alten Dorfschänke. »Immerhin habe ich dort schon einmal gelernt, auf eigenen Füßen zu stehen, und ich fand, das sei auch ein guter Ort für das zweite Mal!«

Jetzt, im siebenten Jahr nach der Neueröffnung, hat sich diese Hoffnung sichtlich erfüllt. Zusammen mit seiner Frau Katharina, in die er sich während der Umbauphase im ehemaligen Kirchenwirt verliebt hat, führt er ein Restaurant, dessen ungewöhnliches Konzept immer mehr Freunde findet. Selbst kritischste Restauranttester zollen der unerschrockenen Vollverwertung in seiner Küche ihre Anerkennung, ob er ihnen nun altes Brot, Fruchtiges von der Schale bis zum Kern oder Tiere von Kopf bis Fuß auftischt. Der renommierte Restaurantführer Gault Millau hat Tom dafür sogar in den Rang eines »Haubenkochs« befördert.

Leicht war das am Anfang beileibe nicht für ihn. Sicher, Grundlagen im Kochen hatte er und auch durchaus genug Fantasie, originelle Gerichte zu erfinden. Als professionelles Gesamtkonzept war das allerdings dünn, das merkte Tom schnell. »Vor allem das mangelnde Know-how in Sachen Logistik war anfangs der Horror.

Wenn vier Gäste auf einmal kamen, wäre ich am liebsten weg-gelaufen«, bekennt er freimütig. Wie er es schließlich trotzdem geschafft hat, seinen in vieler Hinsicht eigenwilligen Stil genug Essern schmackhaft zu machen und das Geschäft rentabel am Laufen zu halten?

Lange muss Tom nicht über Antworten nachdenken. »Ohne professionelle Kochausbildung bist du ziemlich auf dich allein gestellt«, sagt er. »Für mich war das von Vorteil, weil ich dadurch gezwungen war, meine Fantasie anzustrengen und vom Ausprobieren und Zuschauen zu lernen. Da sieht man schnell, was geht und was nicht. Ganze Rosmarin-Sträuße auf dem Tellerrand zum Beispiel, die landen eh nur im Müll.«

Je mehr Wertvolles Tom in seinen selbst gewählten »Lehrküchen« einfach so in den Abfall wandern sah, desto mehr »Nahrung« bekam seine kulinarische Kreativität. Was daraus in seiner eigenen Küche geworden ist, macht ihm so schnell keiner nach. »Man muss sich viel Zeit nehmen, wenn man vermeintlich Unnützes in Delikatessen verwandeln will. Aber es macht auch einen Heidenspaß, Gäste mit diesen außergewöhnlichen Genüssen zu verblüffen«, sagt er und schickt mit einem betont harmlosen Lächeln hinterher: »Du solltest mal sehen, was manche Leute für ein Gesicht machen, wenn sie erfahren, was sie da gerade mit Hochgenuss verspeist haben.«

Dass einen bei Tom Riederer kulinarische Avantgarde erwartet, lässt sich schon ahnen, ehe man den Gastraum überhaupt betreten hat. An der Tür seines Restaurants steht »Tom am Kochen«, und das klingt nicht zufällig nach bodenständiger, ehrlicher Handwerklichkeit, so wie »Bauer am Ackern« oder »Müller am Mahlen«. Man liest es und weiß: Hier kocht der Chef wirklich selber. Das ist keine von diesen ach so edlen Feinschmecker-Fassaden, hinter der man mit der Aura des Meisters abgespeist wird.

Wer den Wink versteht, ahnt wohl auch, dass er auf der Speisekarte dieses Restaurants die üblichen Versatzstücke der sogenannten Gourmetküche wie Stopfleber à la dies und Jakobsmuschel à la das vergeblich suchen wird. So wie die Speisekarte selbst übrigens. Auch so eine gastronomische Konvention, der »Tom am Kochen« sich nicht unwidersprochen unterwirft.

Was den Gästen hier stattdessen an Vorinformation aus der Küche verraten wird, erfordert selbst schon ein wenig von der optimistischen Lebenseinstellung und der Fantasie, die der Küchenchef gleich nach der Bestellung aufbieten wird, um selbst Stammgäste immer wieder mit neuen Erfindungen zu erstaunen. Sie erfahren überblicksartig, was auf dem Programm stehen könnte, können bei allen Speisen individuelle Portionsgrößen wählen und persönliche Vorlieben und Einschränkungen hinsichtlich ihrer gewohnten Ernährungsweise ansagen. Alles Übrige aber überlässt man vertrauensvoll dem Küchenchef und Toms Frau, der Sommelière des Hauses. Von ihrer Hand stammt auch die gezeichnete Zutatenliste, die es immerhin als Erinnerung für die Gäste mit auf den Weg gibt.

»Das ist natürlich eine ganz andere Herausforderung, so spontan auf individuelle Wünsche zu reagieren«, das weiß Tom nur zu gut. Er sagt aber auch: »Mit einer Karte habe ich einen Spielplan wie im Theater. Ich kenn das Stück bald in und auswendig, und das langweilt mich. Und die Gäste irgendwann auch.«

Wer sich darauf einlässt und Platz nimmt in der bildschön modernisierten alten Gaststube des ehemaligen Leutschacher »Kirchenwirts«, hat das Konzept von »Tom am Kochen« verstanden und wird mit Sicherheit nicht enttäuscht.

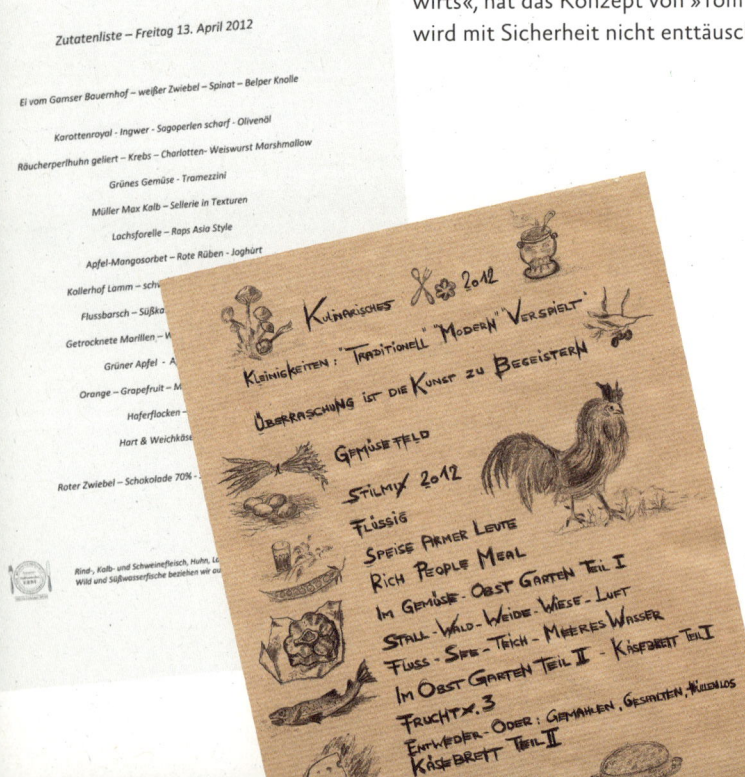

Zutatenliste – Freitag 13. April 2012

Ei vom Gamser Bauernhof – weißer Zwiebel – Spinat – Belper Knolle

Karottenroyal · Ingwer · Sagoperlen scharf · Olivenöl

Räucherperlhuhn geliert – Krebs – Charlotten- Weiswurst Marshmallow

Grünes Gemüse · Tramezzini

Müller Max Kalb – Sellerie in Texturen

Lachsforelle – Raps Asia Style

Apfel-Mangosorbet – Rote Rüben – Joghurt

Kollerhof Lamm – sch…

Flussbarsch – Süßka…

Getrocknete Morillen – W…

Grüner Apfel – A…

Orange – Grapefruit – M…

Haferflocken …

Hart & Weichkäse …

Roter Zwiebel – Schokolade 70% …

Rind-, Kalb- und Schweinefleisch, Huhn, La…
Wild und Süßwasserfische beziehen wir …

Drei-Mahl-Möhrchen
feines Möhrengemüse, Möhrenfond und Möhrenpüree

Das wird gebraucht:

3 verschiedenfarbige Möhren-
sorten **in etwa gleicher Menge,**
z. B. je **500 g** orangefarbene,
gelbe und weiße
*(geht aber auch mit nur einer
oder zwei Sorten!)*

★ **für das feine
Möhrengemüse**
geschälte Möhren, in kleine
Würfel geschnitten
2 EL Butter
Thymian
Salz und Pfeffer
1 kleine Knoblauchzehe
1/8 l von dem
Möhrenschalenfond
etwas Traubenkernöl

★ **für die Tramezzini**
die gegarten Möhrenschalen
Petersilie o. a. Kräuter *(fein
gehackt)*
Gewürze nach Geschmack
12 Scheiben Toast oder
Tramezzinibrot
3 Eier
Öl zum Ausbacken

So geht's:

Fond: Möhren gut waschen, dünn schälen. Die Schalen in ca. 1 Liter
Wasser mit etwas Salz und Pfeffer zum Kochen bringen. Den Sud
ca. eine Stunde lang leicht köcheln lassen, dann das Ganze abkühlen lassen. Den Fond durch ein Tuch passieren. Gegarte Möhrenschalen aus dem Tuch beiseitestellen.

Feines Möhrengemüse: Butter zerlassen und gewürfelte Gemüse darin andünsten, die Kräuter und Gewürze hinzugeben und
mit etwas Gemüsefond aufgießen. Gemüse weich dünsten. Zum
Servieren etwas Traubenkernöl unter die noch warmen Gemüse-
würfelchen mischen. Das Möhrengemüse allein passt gut zu allen
pochierten und gebratenen Fischen, natürlich auch zu Fleisch.

Tramezzini mit Püree aus Möhrenschalen: Die beiseitegestellten
Möhrenschalen in einem Stich geschmolzener Butter schwenken
und fein mixen. Die gemixte Masse mit Kräutern verrühren und
gut würzig abschmecken. Das fertige Püree auf je zwei dünne
Toastscheiben oder Tramezzinibrote streichen, eine dritte oben
auflegen und alle leicht andrücken. Die 3 ganzen Eier verquirlen,
die Schichtbrote auf allen Seiten gut eintauchen und in reichlich
heißem Öl goldgelb ausbacken. Auf Küchenpapier abtropfen lassen
und zum Servieren in schmale Streifen schneiden.

GUT ZU WISSEN:

Das Püree lässt sich mit etwas Zitronensaft und Olivenöl sehr wohlschmeckend abwandeln. Diese Basis eignet sich im kalten Zustand auch bestens als Untergrund für Blattsalate. Dazu schmeckt das gefüllte Tramezzini-Schichtbrot. Oder man reicht ein Löffelchen Püree aufgegossen in einer Schale mit Kartoffel- oder Brotsuppe und etwas Tramezzinibrot.

Püreereste füllt man einfach in Eiswürfelbehälter und friert sie ein. Portionsweise aufgetaut sind sie bestens zum schnellen Herstellen einer Gemüsesuppe mit Fond oder einer Beilage geeignet. **Der Möhrenfond** ist eine prima Grundlage für die Zubereitung von Risotti und weckt – mit etwas Süßwein abgeschmeckt – müde Geister!

Das Möhrengemüse kann man je nach Geschmack auch mit Sellerie, Petersilienwurzel oder Pastinake mischen. Übrig gebliebenes, gegartes Gemüse lässt sich problemlos ebenfalls zu Püree verarbeiten und dann auf verschiedene Weise weiterverwenden.

Lachsforelle
im Salzbett

Das wird gebraucht:

250–350 g Fisch pro Portion,
*(es kann ein größerer sein
oder mehrere kleinere)*
1 kg grobes Meersalz,
gemischt mit Kräutern
Orangen- oder Zitronenschale
Rosmarin, Wacholdergrün
nach Geschmack auch
Koriander, Petersilie oder
Kerbel

GUT ZU WISSEN:

Schuppenfische können direkt ins Salzbett, schuppenloser
Fisch wird zuvor in Backpapier gehüllt.

Das Rezept eignet sich auch für Regenbogenforellen, Silber-
karpfen oder Meeräschen. Das Salz nimmt den Fischgeschmack
nicht an und kann mehrfach wiederverwendet werden.

So geht's:

Fisch gut waschen, Schuppenfisch aber nicht schuppen! In die Bauchhöhle die Orangenschale und den Rosmarin o. a. Kräuter geben. Backform oder Blech mit Backpapier auslegen, ein Salzbett daraufschichten – Fisch(e) draufsetzen und vollständig mit Meersalz abdecken.

Im vorgeheizten Backrohr bei rund 160°C garen. Das dauert bei kleinen Fischen ca. 20 Minuten und 30 Minuten bei großen. In beiden Fällen soll der Fisch danach noch etwa 10 bis 25 Minuten außerhalb des Backofens in der Kruste ziehen.

Als Beilage schmecken entweder das gegarte Gemüse von dreierlei Möhren mit Traubenkernöl beträufelt oder auch verschiedene frisch klein geschnittene Wurzelgemüse in Kombination, mariniert mit etwas scharfem Senf und Essig.

Kleine Fische ganz
kross

Das wird gebraucht:
500 g kleine Saiblinge,
Forellen oder Karauschen
2 Zitronen
Salz und Pfeffer
Mehl zum Wenden
Öl zum Frittieren

So geht's:

Kleine Fische (»Süßwassersardinen«) waschen und im Küchenpapier abtrocknen. Wenn sie größer als ca. 8 cm sind, Innereien
entfernen. Die Zitronen heiß waschen und abtrocknen. Von einer
Zitrone die Schale fein abreiben, den Saft auspressen. Den Saft
mit Salz und Pfeffer mischen und in die Fische träufeln. Die Fische
in der geriebenen Zitronenschale wenden, dann im Mehl wälzen.
Überschüssiges Mehl abklopfen oder wegpusten. In einem Topf
Öl erhitzen. Die Fische darin unter Wenden 3–4 Minuten frittieren, auf Küchenpapier abtropfen lassen. Die verbliebene Zitrone
achteln und zu den heißen Fischen servieren. Dazu schmeckt ein
Dip aus Paprika oder Senf.

Brotsuppe

oder steirisch: Panadelsuppe

Das wird gebraucht:

250 g trockene Brotreste
und anderes hart
gewordenes Gebäck
1 Zwiebel oder Lauch
Knoblauch
Kümmel
1 l Fond *(z.B. selbst gemacht
aus Möhrenschalen: notfalls
Suppenwürfel)*
Liebstöckel
Öl und Butter
Meerrettich frisch oder
aus dem Glas

So geht's:

Etwas Öl mit Butter in einem Topf erhitzen und Brot sowie gehackte Zwiebel darin kurz anschwitzen. Knoblauch zugeben und
mit Fond aufgießen. Gewürze beigeben, gut durchkochen und mit
Meerrettich abschmecken, pürieren und durch ein Sieb streichen.
Als Beigabe eignen sich Speckkrusteln, ein feines Kernöl, geriebener Meerrettich oder pochierte Eidotter. Saisonale Abänderungen
mit Bärlauch, Ingwer oder Sauerampfer schmecken ebenfalls gut.

GUT ZU WISSEN:

Was im Sieb vom Passieren zurückbleibt, kann man auf Backpapier ausklopfen, etwas glatt streichen und trocknen lassen.
Vorsichtig abgehoben, ergibt das würzige, transparente und
sehr dekorative Knusperfladen!

So gut wie
Albatrüffel

Das wird gebraucht:

1 kg gute Kartoffeln

etwas Salz

50 g Butter

40 g Mehl *(vorzugsweise Vollkornmehl)*

0,5 l Milch *(oder Ziegenmilch)*

Bockshornklee oder **eine** Messerspitze Curry

Käse, der »wegmuss«

250 g Wurstreste

1 kleine Zwiebel und Butter

1 schwarzer Rettich

1 EL Öl

So geht's:

Kartoffeln waschen und dünn schälen. Schale frittieren, etwas trocknen lassen und später zum Dekorieren verwenden. Die Kartoffeln in kleine Stücke (wer es edel möchte, in schöne Formteile) schneiden (die Abfälle vom »Formschnitt« dann für eine Kartoffelsuppe mitkochen) und in Wasser mit Salz langsam weich kochen. Kochwasser aufheben! Mit Butter, Mehl und Milch eine leichte Béchamelsauce herstellen und 10–15 Minuten leise weiterkochen. Inzwischen den schwarzen Rettich gründlich reinigen und mit einem Sparschäler die Schale in dünnen Stücken abheben, so groß wie kleine Trüffelscheiben. Diese etwas salzen und kurz in Öl anwärmen.

Kartoffelstücke aus dem Sud heben und in die Béchamelsauce geben, mit Kochwasser auf eine cremige Konsistenz verdünnen und ziehen lassen. In der Zwischenzeit die Wurstreste in der Pfanne auslassen (hübsch sehen auch Chips aus getrockneter Wurst aus). Nun die cremigen Kartoffeln mit Salz, Pfeffer und Muskat sowie Bockshornklee (alternativ Curry) abschmecken.

Die Kartoffeln auf Teller verteilen und mit der ausgelassenen Wurst (Vegetarier lassen sie einfach weg), klein geschnittenem oder geraspeltem Käse, knusprigen Kartoffelschalenchips und den warmen »falschen« Trüffelscheibchen anrichten. Schnittlauchröllchen oder gehackte Petersilie darüberstreuen und die Gäste über diese ungewöhnliche »Trüffel«-Spezialität staunen lassen!

GUT ZU WISSEN:

Übrig gebliebene Kartoffelabschnitte mit Kochfond fein zu
mixen und mit dem Rest der Béchamel leicht zu binden, ergibt
eine vorzügliche Kartoffelsuppe! Mit Schnittlauch garnieren
und mit geröstetem Schwarzbrot vom Vortag servieren.

Den abgeschälten Rettich oben abschneiden, aushöhlen und
das Ausgelöste mit Rohr- oder Kandiszucker vermischen. Einen
Spieß oder eine Nadel durch die Mitte des Rettichs stechen und
mit der Zucker-Rettich-Mischung auffüllen. Was nicht sofort
hineinpasst, von Zeit zu Zeit nachfüllen. Den Rettich auf ein
Glas setzen und so den unten abfließenden Sirup auffangen.
Es entstehen ca. 90 bis 120 ml Sirup. Diesen Sirup kann man als
Geschmacksumwandler in Honig geben, der dann sehr gut zu
Käse passt, oder löffelweise als Heilmittel bei Krampfhusten
einsetzen.

Grießknödel

Das wird gebraucht:
1/4 l Milch *(geht auch mit Getreidemilch, Wasser oder Fond)*
100 g Grieß
30 g Butter
1 Ei
Mohn, Zimt, Kakaopulver o. a. zum Aromatisieren nach Geschmack
Erdmandelmehl
Puderzucker

So geht's:
Milch mit dem Grieß dickbreiig mit Gewürzen oder ohne einkochen und 30 g Butter darin schmelzen lassen, ein Ei unterrühren und kühlen. Knödel in Tischtennisballgröße daraus formen und in leicht gesalzenem Wasser garen (ziehen lassen). Die abgetropften, noch warmen Knödel in Erdmandelmehl wälzen und mit etwas Puderzucker bestreut auf Kompott oder Fruchtpüree servieren.

GUT ZU WISSEN:

Die Masse eignet sich als Grundmasse für süße ebenso wie für pikante Knödel mit und ohne Füllung. Letztere etwa aus Marillen oder Zwetschgen oder auch Pilzen, Kräutern und Zwiebeln. Man kann die Knödel in allen gewünschten Größen vorbereiten und ungekocht als bequemen Vorrat für verschiedene Gelegenheiten einfrieren. Die Grundmasse kann auch frittiert oder im Backrohr gebacken werden. Wer mag, rührt etwas Frischkäse oder Schmand darunter und serviert die Knödel in etwas geriebenem Käse gewälzt mit ein paar Tropfen Hanföl. Und wer Lust auf Strudel bekommt, mischt einfach 125 g Sauerrahm unter, füllt die Masse in Strudelteigblätter, pochiert diese in kochend heißem Wasser und kann dann nach Herzenslust mit frischen Kräutern und feinen Kernölen dazu experimentieren!

Erdmandel-Auflauf

Das wird gebraucht:

125 g Butter
100 g Schokolade
5 Eier
150 g Nüsse oder
Brot / Keksbrösel etc.
125 g Erdmandelmehl
120 g Zucker

So geht's:

Alle Zutaten gemeinsam in ein Mixglas geben und gut durchmixen. In eine gefettete Form füllen und bei 170–180°C Umluft ca. 25 Minuten ausbacken. Bei dieser Rezeptur lassen sich allerlei trocken gewordene Kekse, Kuchenbrösel oder Brot verwenden.

GUT ZU WISSEN:

Erdmandelmehl gibt es als Verwertung von Ölpresskuchen zu kaufen (z. B. im Webshop der Öhlmühle Hartlieb, wo man auch Erdmandelöl u. v. m. bekommt; Adresse siehe Serviceteil). Es schmeckt mild nussig und ist sehr vielseitig einsetzbar!

Restlos köstlich!

Kulinarische Mehrwert-Ideen à la Tom

★ Himbeerkerne

die beim Passieren von Himbeeren für Fruchtmark zurückbleiben, kann man trocknen, fein mahlen und mit Meersalz vermischt zum Würzen von Fisch einsetzen. Kann man auch mit Erdbeeren oder Brombeeren versuchen!

★ Kaffeesatz

kocht man mit Läuterzucker ein, bis das Wasser verdunstet ist (vorsichtig, brennt sonst an!). Die entstandenen Brösel schmecken toll auf Vanilleeis. Oder man versetzt sie mit etwas Grappa und Honig und reicht die Mischung zu reifen, eher salzigen Käsesorten.

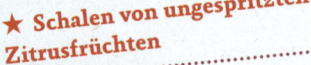

★ Schalen von ungespritzten Zitrusfrüchten

können genauso behandelt und verwendet werden. Oder man schneidet die Schalen in kleine Würfel, lässt sie an der Luft stehen, bis sie zu Zitronat oder Orangeat kandiert sind. Eignet sich zum Aromatisieren von verschiedenen Speisen.

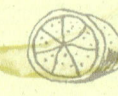

FOOD FIGHTERS

FREIBEUTER 2

AM HERD

U.B.

M.S.   P.B.

R.S.

TASTE THE WASTE À LA CARTE

»Ich hab ein Kilo Chili«, schreit einer, »und ich 20 Kilo gekochte Eier im Eimer«, ein anderer. Es ist zwölf Uhr, und um 17 Uhr werden die ersten Gäste erwartet. »Brainstorming« nennen die vier Köche das, und es klingt für den unbedarften Zuhörer weder nach einem essbaren noch nach einem pünktlichen Menü: »Ich hab eine Eismaschine« – »aber wir haben kein Eis«.

Aber eines wird klar: Die vier, die da an einem Tisch im Garten des Wiesbadener Restaurants »Treibhaus« sitzen, haben einen unbändigen Spaß am Improvisieren. Das müssen sie auch, denn heute wollen sie verwerten, was ihnen eine Gruppe von Mülltauchern aus den Tonnen verschiedener Supermärkte mitgebracht hat: viel Brot, Gemüse querbeet, aber auch Milchprodukte nahe am Datum. Außerdem bringt jeder die Reste aus seiner eigenen Küche mit: Peter Becker etwa, der seine langen Haare immer zu einem Zopf zusammengebunden hat, verwertet exotische Pflanzen, heute hat er zum Beispiel zwei Kilo Japanischen Knöterich dabei. Der wächst ganz in der Nähe in einem Bachtal. Er schaut über seine runde Nickelbrille: »Ich könnte Knöterich-Zitronen-Eis machen.« »Mist, dazu ist zu wenig Sahne da.« »Macht nichts, wir haben Schmand.« Die vier könnten nicht unterschiedlicher sein: Uwe Becker ist eher bodenständig. Mit seinem Schnauzbart und dem schnoddrigen rheinhessischen Dialekt verkörpert der »Kräuterkoch« eher die traditionelle Küche. Im Weindorf Gau-Algesheim betrieb er lange den »Ratskeller«.

Ganz anders Ralph Schüller, der bei kleinen und großen Events catert und gerne mit Neuem experimentiert. Seine langen roten Haare sind stets mit einem schwarzen Piraten-Kopftuch bedeckt, das die langen roten Kotteletten besonders deutlich hervorstechen lässt. Dass die Mülltaucher einen großen Karton Milky Way gefunden haben, inspiriert ihn zu einem »Milky-Way-Espuma«: »Ganz einfach, mit Sahne mixen und einmal aufschäumen mit einem iSi-Sahnespender.«

Aus den
Tonnen
von Aldi

Noch mal anders Michael Schieferstein, Chefkoch im Restaurant »Baron«: In seiner Küche würde er es nie wagen, Zutaten aus dem Supermarktcontainer zu verarbeiten. »Die Lebensmittelkontrolle hat uns bescheinigt, dass unsere Küche eine der saubersten in Mainz ist«, meint er stolz. Aber bei der Aktion heute im »Treibhaus« will der Spitzenkoch ein Zeichen setzen gegen die grassierende Lebensmittelverschwendung. »Wenn die Kontrolleure in unserer Küche auch nur einen Sahnebecher entdecken würden, bei dem das Mindesthaltbarkeitsdatum abgelaufen ist, bekämen wir Ärger – heute wollen wir zeigen, dass viele Lebensmittel, die weggeworfen werden, noch perfekt genießbar sind.«

Die Restaurantküche ist geräumig, aber dennoch wird es laut, als die vier Köche loslegen, und noch lauter, als die vier »Mülltaucher« Talley, Katharina, Robin und Daniel (siehe Kapitel »Urbane Selbstversorger«) dazukommen und beim Schnippeln helfen: »Tisch ganz schnell freiräumen, hier kommt ein heißes Blech.« Peter Becker hat das Rezept für die »Mushrooms Veronique« aus seiner Zeit in den Südstaaten der USA, wo er als »Wanderkoch« unterwegs war: »Das ist ein Rezept aus New Orleans und geht sehr schnell, damit wir gleich eine Vorspeise haben.« Die Champignons werden dabei mit Trauben gefüllt und in einer Kruste von »Spundekäs« (einer Mischung aus Frischkäse und Quark) und Bröseln gebacken. »Kannst du bitte die Soße für mein Sauerrahmeis einen Moment weiterrühren, ich muss mal rüber zur Fritteuse«, bestimmt Ralph Schüller, »immer weiterrühren, sonst stockt das Ei«, und schon ist er weg. Einen kleinen Moment später bringt er seine »Brokkoli-Tempura«: kross frittiert und goldbraun. All das, was der Eventkoch sonst bei einem Catering in die Tonne hauen muss, will er heute verwerten: »Diese Kopfsalatherzen werfen wir nicht weg, die ergeben zusammen mit anderem Gemüse ein geiles Smoothie.«

Die vier Köche haben sichtlich Spaß daran, ihre kreativen Ideen vorzuführen. Der größte Topf allerdings scheint ihnen nicht der Rede wert: »Das gibt einen Gemüsefond. Hier landen alle Abschnitte und köcheln stundenlang auf kleiner Flamme vor sich hin«, erklärt Michael Schieferstein, der auch in der Küche noch sein Markenzeichen trägt, die Sonnenbrille, passend zu seinem schwarzen Outfit. Eigentlich nichts Besonderes, der »Grand Jus« ist Bestandteil der Kochausbildung und die Basis vieler Gerichte. Doch heute kann man ihn fertig kaufen. Michael Schieferstein sieht das skeptisch: »Gute Küchen kaufen ihre Fonds nicht, sondern machen sie selbst.«

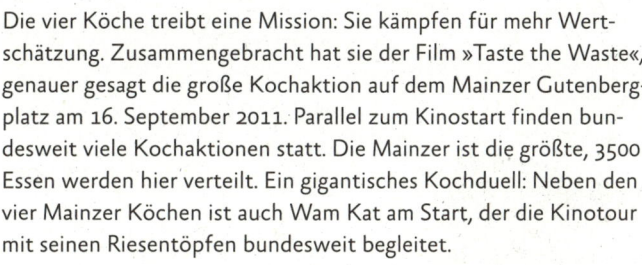

Die vier Köche treibt eine Mission: Sie kämpfen für mehr Wert-schätzung. Zusammengebracht hat sie der Film »Taste the Waste«, genauer gesagt die große Kochaktion auf dem Mainzer Gutenberg-platz am 16. September 2011. Parallel zum Kinostart finden bun-desweit viele Kochaktionen statt. Die Mainzer ist die größte, 3500 Essen werden hier verteilt. Ein gigantisches Kochduell: Neben den vier Mainzer Köchen ist auch Wam Kat am Start, der die Kinotour mit seinen Riesentöpfen bundesweit begleitet.

In anderen Städten werden die Kochaktionen meist von Organi-sationen wie Slow Food und Brot für die Welt getragen, in Mainz ist es die Initiative zweier Einzelpersonen – des Filmemachers Ralf Dilger und des Eventmanagers Herbert Focking (www.taste-mainz.de). Sie organisieren einen Schülerwettbewerb und sorgen auch für eine große Bühne, auf der parallel eine Podiumsdiskussion läuft, mit der rheinland-pfälzischen Umweltministerin Ulrike Höfken, dem Europaabgeordneten Martin Häusling und dem Geschäfts-führer der Supermarkt-Kette tegut, Andreas Swoboda.

Derweil zeigen die vier Mainzer Köche, dass Resteverwertung eine kulinarische Bereicherung sein kann. Unter dem Banner »WIR BROTESSTIEREN!« bietet Peter Becker seinen Brotpudding an. Auch dieses Rezept hat er aus den US-Südstaaten mitgebracht, und er hat es verfeinert durch eine Eigenkreation: Springkraut-Sirup. Das Asiatische Springkraut ist eigentlich ein lästiger Ein-wanderer, der unsere Bachufer zuwuchert. Naturschützer mä-hen deshalb das Dickicht. Peter Becker hingegen bekämpft die pflanzlichen Aliens auf seine Weise: Er nutzt sie kulinarisch. Die erfolgreiche Kochaktion ist der Startschuss, seither sind die vier Köche unzertrennlich. Viele gemeinsame Kochaktionen folgen, zum Beispiel vor dem Mainzer Obdachlosenasyl am Fort Malakoff. Überall stehen ihnen die Türen offen, das Publikum ist begeistert. Als die vier Köche eine Aktion vor einem Supermarkt planen, heißt es auch hier zunächst: »Wunderbar, ihr könnt kommen.« Doch die Begeisterung erlischt jäh, als klar wird, was sie da kochen wollen, nämlich Reste aus Supermarktcontainern. Der Marktleiter sagt ab, nur einen Tag vor dem vereinbarten Termin.

Die Köche sind außer sich. Doch es dauert nicht lange und Ralph Schüller findet Ersatz, der Nahkauf in Mainz-Bretzenheim hat zugesagt. Direkt vor dem Supermarkteingang bauen Freiwillige der Mainzer Tafel ein Rechteck von Tapeziertischen auf. Dann kommen die Köche mit ihren Kochgeräten und Warmhalteboxen, und schließlich bringen die Mülltaucher ihre Gemüsekisten.

Willi Klotz, einer der Angestellten des Markts, bringt Klebeband, damit werden »Taste the Waste«-Plakate aufgehängt, und eine Kabeltrommel. Als mehrfach die Sicherung ausfällt, wird klar, dass dies nicht reicht, eine zweite Stromleitung muss her. Schließlich rollt er sogar eine nicht genutzte Eistruhe aus dem Laden, damit eine Ladung Eis am Stiel gesichert werden kann: »Von einem unserer Lieferanten, der will aber nicht genannt werden«, kommentiert Michael Schieferstein.

Derweil gibt Willi Klotz eine kleine Führung zu den Mülltonnen. »Die Biotonne ist ja fast leer«, staunt Talley. »Für Mülltaucher wären wir kein lohnendes Ziel«, lacht der Angestellte. »Wenn die Tonne von der Müllabfuhr abgeholt wird, die kommt zweimal pro Woche, ist sie meist nur halb voll.« Das hat seinen Grund in der Geschäftspolitik von Supermarktinhaber Joachim Kleiser. Auch er kann nicht immer vorhersehen, was die Kunden kaufen. Aber wenn etwas übrig ist, dann dürfen es die Angestellten zu einem ermäßigten Preis mitnehmen. Er weiß, dass große Ketten anders handeln, aber seine drei Filialen sind überschaubar: »Ich kenne meine Leute persönlich.«

Draußen wirbeln derweil die Köche. Eine Kiste Zitronen? Uwe Becker hat eine Antwort: »Wir machen Salz-Zitronen – so sind sie mehrere Monate haltbar, ohne Kühlschrank.« Toblerone-Riegel? Ralph Schüller macht daraus natürlich ein Espuma. Salat im Überfluss? Ralph Schüller überlegt: »Lasst mich mal schauen, was sonst noch so da ist.« Eine Viertelstunde später präsentiert er stolz seine neue Kreation: ein Salat-Smoothie. Die Passanten probieren und staunen. Pfeile auf der Tischdecke machen sie auf die Herkunft aufmerksam: »Das hier stammt aus den Mülltonnen von Aldi, und das hier von Rewe ...«

Das Viergespann ergänzt sich gut. Michael Schieferstein zum Beispiel gibt gern den »Frontmann« vor Mikrofon und Kamera und tourt durch die Radio- und Fernsehstudios der Stadt. Oder sogar als Experte vor einem Bundestagsausschuss. Für seinen Job im »Baron« bleibt ihm nur noch wenig Zeit, er will jetzt ein eigenes Restaurant aufmachen, in dem er mit »schwer erziehbaren« Jugendlichen arbeitet. Die Küche sieht er als Ort der Persönlich-

keitsbildung. Das hat mit seiner eigenen Jugend zu tun: »Ich wäre beinahe auf der schiefen Bahn gelandet, mich hat meine Leidenschaft fürs Kochen und die Team-Arbeit in der Küche diszipliniert.« Auch Ralph Schüller hat große Pläne, der freischaffende Event-Koch plant eine Tour quer durch Deutschland und spinnt bereits an einem Netzwerk von gleich gesinnten Köchen: »Am liebsten würde ich die Koch-Armada mit einem Zug der Bundesbahn touren lassen.«

Während er noch nach einem Geldgeber sucht, hat Uwe Becker für sein »Gemüsefon« bereits einen Investor gefunden. Sein Konzept: »Wir verarbeiten all das, was die Landwirte aussortieren müssen, weil es nicht den Normen des Handels entspricht.« Die Landwirte können die Reste bestenfalls an die Tiere verfüttern, obwohl sie geschmacklich einwandfrei sind. Entsprechend günstig kann der Koch seine Rohstoffe bei den Landwirten rund um Mainz aufkaufen – krumme Gurken, Möhren mit verschlungenen Wurzeln oder Lauch, der einfach nur deshalb auf dem Feld stehen bleibt, weil auf dem Markt gerade ein Überangebot herrscht. Erster Schritt: Ein Stand auf dem Wochenmarkt hinter dem Mainzer Dom. Zweiter Schritt: Aufbau eines Produktionsbetriebs, in dem er das Obst und Gemüse zu erstklassigen »Convenience«-Gerichten verarbeitet, vorgegart und in Vakuum verpackt will er damit Restaurantküchen beliefern.

Peter Beckers Betrieb »Knöterich-Manufaktur« hingegen läuft schon seit Jahren. Der Name kommt von seiner Entdeckung, dass der Japanische Knöterich ähnlich wie Rhabarber schmeckt. Zur Ernte fährt er mit seinem Motorroller, auf den Rücken schnallt er sich eine Bütt, wie sie üblicherweise bei der Weinernte eingesetzt wird. In den Tälern des Taunus wächst der asiatische Eindringling an den Bachufern und verdrängt dort die einheimische Flora.

Vom Naturschutz hat Peter Becker deshalb sogar die Genehmigung, die Pflanzen im Schutzgebiet zu ernten. »Besonders lecker sind die jungen frischen Triebe«, sagt er, während er sie mit einem Messer kurz über dem Boden abschneidet. »Ich nenne das Bekämpfung invasiver Arten mit Messer und Gabel«, schmunzelt er. In seinem Online-Shop »newtritionink.de« ist der »Relish vom Japanischen Knöterich« der Bestseller, ein 140-Gramm-Glas kostet 3 Euro, die Knöterich-Naturseife 5 Euro. »Auf dieser Wiese wächst jedes Jahr im April und Mai Knöterich im Wert von gut

500.000 Euro«, sagt Peter Becker, »ich kann das gar nicht alles alleine verwerten.«

Der Schatz sprießt direkt neben einem der meistbegangenen Wanderwege Deutschlands, dem Rheinsteig, »unerkannt von den vielen Wanderern, die hier vorbeistiefeln«, grinst Peter Becker und schärft seine Machete, bevor er die meterhohen holzigen Stängel vom letzten Jahr abschlägt. Während er die Wiese weiter absucht, pflückt er zwischendurch Wildkräuter: »Das hier ist Lauchhederich, auch Knoblauchrauke genannt, der macht sich gut als kleines Blattgemüse am Frühstückstisch.« Ein paar Meter weiter meint der Kräuterkoch: »Auch Kerbel oder Scharbockskraut kann ich dafür empfehlen.« Oder Brennnessel-Marmelade. Wer sie bei ihm bestellt, bekommt das Rezept auf der Rückseite des Glases gleich mitgeliefert.

Die bedeutendste Ressource aber, findet Peter Becker, ist das, was andere wegwerfen: »Auf jedem Wochenmarkt werden Dinge weggeworfen, die andernorts als Delikatesse gelten.« Kohlrabi-Blätter zum Beispiel. »Wie köstlich die schmecken, habe ich in meinen Wanderjahren in Louisiana und anderen Südstaaten der USA gelernt.« Neben den Kohlblättern zum Beispiel von Brokkoli waren auch »collard greens« einst eine wichtige Zutat der Sklavenküche: Nesseln, Wegerich und andere Frühlingskräuter. Heute läuft dieses Rezept unter »Soulfood« – Omas Küche, die die Seele erwärmt.

Terrine vom Löwenzahn mit gezähmten
Eroberern

Das wird gebraucht:

★ **für die Terrine**

50 g Löwenzahnblätter
200 ml Joghurt
300 g Frischkäse
100 g Zucker
6 Blatt Gelatine

★ **für das Kompott**

300 g Knöterich-Stängel
1 Glas Blütengelee vom
Indischen Springkraut

So geht's:
Die gewaschenen **Löwenzahnblätter** grob hacken und mit dem Joghurt und Zucker pürieren. Gelatine in kaltem Wasser quellen lassen. Frischkäse unter den Joghurt rühren. Gelatine ausdrücken, im Wasserbad erwärmen und ebenfalls unter die Masse heben. 2–3 Stunden kühl stellen.
Für das Knöterich-Springkraut-Kompott 300 g Japanischen Knöterich in 1 cm dicke Ringe schneiden, 1 Glas Blütengelee von Indischem Springkraut erwärmen und den Knöterich darunterrühren.

Optional passt noch ein Veilchen-Gummibär obendrauf:
50 g Blüten vom Märzveilchen mit 250 ml Wasser aufkochen, 1 Briefchen Zitronensäure dazugeben. Durch ein Sieb in neuen Topf gießen und mit 400 g Zucker aufkochen. 150 g Blattgelatine in etwas Wasser quellen lassen, ausdrücken und bei maximal 75°C erwärmen und unter den Sirup rühren. In Gummibärchenformen gießen.

GUT ZU WISSEN:

Der Japanische Knöterich wächst an vielen Bachufern in ganz Deutschland, ist sehr gesund und frei verfügbar – aber mangels natürlicher Fressfeinde ein ebenso großer Schädling wie das Springkraut. Beste Erntezeit im April und Mai.

Das Indische Springkraut wächst an Flussufern und blüht von Juni bis Oktober. Seine Blüten enthalten etwa 40-mal mehr Nektar als eine vergleichbare heimische Pflanze; die Ernte lohnt sich also. Springkraut-Blütengelee kann man selbst herstellen oder unter www.newtritionink.de bestellen.

Auch der Löwenzahn ist in gigantischen Mengen verfügbar und liefert auf schmackhafte Weise das, was unseren Kulturpflanzen am meisten fehlt: Bitterstoffe.

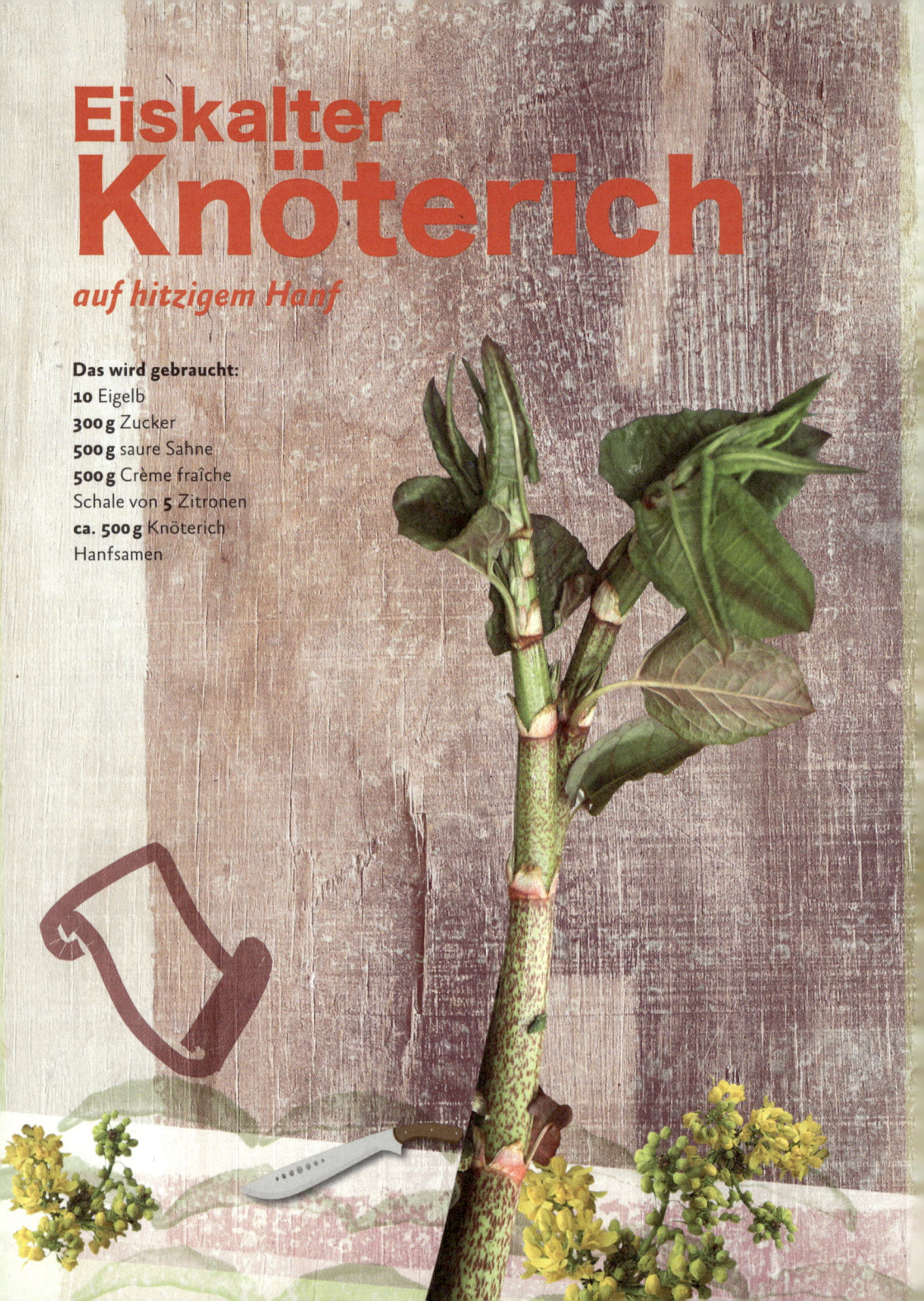

Eiskalter Knöterich

auf hitzigem Hanf

Das wird gebraucht:
10 Eigelb
300 g Zucker
500 g saure Sahne
500 g Crème fraîche
Schale von **5** Zitronen
ca. 500 g Knöterich
Hanfsamen

So geht's:

Eigelb, Zucker, saure Sahne und Crème fraîche mit einem Schwingschneebesen auf einem Wasserbad so lange schlagen – mind. 5 Minuten –, bis die Masse eine Temperatur von 70°C erreicht hat. Wirklich wichtig ist das kontinuierliche Schlagen, insbesondere gegen Ende, um ein Ausflocken der Masse zu verhindern! Die Schale der Zitronen abreiben, dabei Zitrone ständig drehen, sodass nach Möglichkeit nichts Weißes dabei ist, kann sonst schnell bitter werden. Der Eismasse zugeben und kalt rühren. In einer Eismaschine zu einem cremigen Eis gefrieren.

In der Zwischenzeit den Knöterich in max. 3 mm dicke Würfel schneiden. Die Hanfsamen mit etwas Zucker in einer Pfanne hell karamellisieren. Kurz vorm Ende des Gefriervorgangs die Knöterichwürfel unter das Eis rühren. Kugeln abstechen und auf den karamellisierten Hanfsamen anrichten.

Brotesst-Pudding
mit rosa Sprengkraft

Das wird gebraucht:

★ für den Brotpudding

3 Brötchen vom Vortag
1 Ei
175 ml Milch
40 g brauner Zucker
1/2 Teelöffel Zimt
1 Beutel Vanillezucker
20 g Rosinen in Rum
eingeweicht

★ für den Sirup

50 g Springkrautblüten
750 g Zucker
1/2 Beutel Zitronensäure

So geht's:

Brötchen würfeln, Milch mit Zucker und Zimt aufkochen und
die Brötchen unterrühren, abkühlen lassen, Eier und Rosinen
unterheben und in gebutterte Kastenform füllen. Für 45 Minuten
bei 170°C backen.

Für den Sirup 50 g Blüten vom Indischen Springkraut mit 1/2 Liter
Wasser aufkochen, 1/2 Beutel Zitronensäure beifügen, abseihen
und mit 3/4 kg Zucker verkochen.

Freibeuters

Trinksalat

Das wird gebraucht:
250 g Feldsalat
250 g Kopfsalatherzen
1 Avocado
250 g Erbsenschoten
500 g saure Sahne
1/2 Chilischote
Meerrettich
Gewürze
Zitronensaft

So geht's:
Den Salat und die Zuckererbsenschoten so verlesen, dass jeweils
250 g netto dabei rauskommen. Die Schoten blanchieren und in
Eiswasser abschrecken. Die Chilischote mikroskopisch klein würfeln, den Meerrettich schälen und reiben.
Salat, Avocado, Erbsenschoten und saure Sahne in einem Stand-
mixer pürieren, mit Salz, Pfeffer, Zucker und Zitronensaft lecker
abschmecken. In Gläschen füllen, mit Chili und Meerrettich
bestreuen.

Kleine Fische ganz Kloß

Das wird gebraucht:

400 g rohe Fischabschnitte
Salz, Pfeffer
1 Schuss Pernod
0,4 l Sahne
1 l Gemüsebrühe

So geht's:

Fischabschnitte ohne Gräten würzen und mit Pernod marinieren. In einem hohen Gefäß zuerst mit wenig Sahne mixen. Nach und nach den Rest der Sahne dazugeben und alles zu einer homogenen Masse pürieren. In einem Topf die Brühe aufkochen, die Klöße mit 2 Esslöffeln in die heiße (nicht kochende) Brühe abstechen und 15 Minuten bei kleiner Hitze ziehen lassen.

GUT ZU WISSEN:

Die Zutaten für den Kloßteig müssen gut gekühlt verarbeitet werden, da sonst das Eiweiß gerinnt und die Masse flockig wird.

Back to the roots
Chutney

Das wird gebraucht:
1 kg geschälte Karotten
700 g feiner Zucker
2 ganze Zitronen
ca. 200 g geschälter frischer
Ingwer
ca. 1 l Wasser
500 g griechischer Joghurt
10 % Fett *(oder 300 g
Natur-Joghurt 3,5 % Fett
und 200 g Quark Magerstufe
vermischen)*

So geht's:
Die geschälten Karotten grob raspeln. Auf dem Herd erhitzen, aber
nicht zu lang, nicht braun werden lassen. Dann den Zucker hinzugeben und verrühren und mit ca. 200 ml Wasser leicht einköcheln.
Sobald das Wasser verdunstet ist, die Schale von den Zitronen
hineinreiben (nur das Gelbe von der Schale), den Rest in Scheiben
schneiden und auch hinzugeben. Dann den Ingwer mit einer Reibe
fein raspeln und mit der Karottenmasse vermengen. Das restliche
Wasser in den Topf geben und bei kleiner Hitze unter gelegentlichem Rühren einkochen lassen, bis die Flüssigkeit leicht zähflüssig
ist. Dann die Masse auskühlen lassen. Joghurt in 4 Schalen verteilen, das Chutney darüber verteilen.

GUT ZU WISSEN:
Chutneys sind eine gute Möglichkeit, um Gemüse- und Obstres-
te zu verwerten, auch Tomaten oder Mangos eignen sich. Heiß
eingefüllt in ein Glas lassen sie sich gut lagern.

Soulfood

Delight

Das wird gebraucht:

- **1 kg** Schweinebauch
- **500 g** Suppengemüse
- **1 TL** grüne Pfefferkörner
- **1 kg** Kohlrabiblätter
- **1** Süßkartoffel
- **1** Pastinake
- **1** Kohlrabiknolle
- **1** Gemüsezwiebel
- **2** Knoblauchzehen
- **1** rote Chilischote

So geht's:

Den Schweinebauch mit 3 Litern Wasser und dem Suppengemüse kalt ansetzen, zum Kochen bringen und 2 Stunden simmern (knapp unter dem Siedepunkt köcheln) lassen. Das Fleisch kalt stellen und die Brühe durchseihen. Die Schwarte vom Schweinebauch abschneiden, würfeln und bei mäßiger Hitze auslassen. Die Schwarte mit Schaumkelle aus dem Topf nehmen. Kohlrabiblätter in der Brühe blanchieren, kalt abschrecken und grob hacken. Zwiebel in feine Streifen (Julienne) schneiden, den Knoblauch fein hacken.

Nun die Kohlrabiblätter im ausgelassenen Fett mit Zwiebeln und Knoblauch anschwitzen und mit 1,5 Liter Brühe aufgießen und für ca. 30 Minuten simmern lassen. Zwischenzeitlich die Chilischote entkernen und in Streifen schneiden. Pastinake, Kohlrabiknolle und Süßkartoffel schälen, in grobe Würfel schneiden und zu den Blättern geben und weitere 20 Minuten köcheln lassen. Mit etwas Sahne, Salz und grob zerstoßenem grünen Pfeffer abschmecken. Den Schweinebauch in 1 cm dünne Scheiben schneiden, mit Salz, Pfeffer, Paprika würzen und scharf anbraten und der Länge nach lose aufgewickelt und mit einem Spieß fixiert mit den Kohlrabiblättern anrichten.

Schluss mit dem
Käse!

So geht's:

Die weichen Käsereste hacken und mit den aufgeschlagenen Eiern mixen. Zuerst mit dem Quark verrühren, dann würzen mit Schabziger Klee; zum Schluss das Mehl unterarbeiten. Die Masse eine halbe Stunde im Kühlschrank ziehen lassen. Währenddessen in einem breiten Topf die Gemüsebrühe zum Sieden bringen. Die Käsemasse mit 2 Löffeln abstechen und in die heiße (nicht kochende) Brühe geben und 20 Minuten bei schwacher Hitze ziehen lassen. Die Nockerl mit der Schaumkelle aus der Brühe holen und im kalten Wasser abschrecken. In eine feuerfeste Form geben und mit Sahne angießen. Hartkäsereste reiben und über die Nockerl streuen. Das Ganze bei 200°C 40 Minuten backen, bis die Nockerl Farbe bekommen.

Das wird gebraucht:

125 g Weichkäsereste
100 g Quark
125 g Mehl
2 Eier
50 g Käsereste zum Reiben
1 TL Schabziger Klee
1,5 l Gemüsebrühe
0,2 l Sahne

GUT ZU WISSEN:

Schabziger Klee ist ein altes Käsegewürz, das in den Alpenländern gerne für die Käsezubereitung verwendet wird; der typische Geschmack ist zum Beispiel vom Schmelzkäse bekannt.

Rapunzel
Cappuccino

Das wird gebraucht:
100 – 200 g Feldsalat
Mehl, Butter
250 ml Gemüsebrühe *(Fond)*
Weißwein
Sahne
Muskat
Cayennepfeffer
Salz
1/2 TL Curcuma
ca. 1 g Lecite-Extrakt aus
Meeresalgen *(stabilisiert
den Schaum)*

So geht's:
Butter in einem Topf auslassen und mit etwas Mehl abbinden.
Vorsicht bei der Dosierung, Mehl dickt nach. Mit etwas Fond
ablöschen. Es entwickelt sich eine Bindung. Anschließend mit
Fond auffüllen, bis sich eine sämige, suppenartige Konsistenz
ergibt. Mit Muskat, Cayennepfeffer, Salz und Weißwein abschmecken. Lassen Sie die Suppe langsam köcheln, bis der
Mehlgeschmack ausgekocht ist (ca. 10–20 Minuten). Regelmäßig
rühren, da das Mehl und die Butter leicht ansetzen. Etwas Sahne
hinzugeben. Kurz vor dem Servieren den Feldsalat (gewaschen
und getrocknet) mit dem Zauberstab kalt pürieren und mit der
Suppenbasis vermischen. In eine Kaffeetasse zu etwa 3/4 einfüllen.
Curcuma mit restlichem Fond (ca. 200 ml) leicht erhitzen, Lecite
hinzugeben und mit Zauberstab aufschäumen, bis sich eine größere Menge Schaum gebildet hat. Etwa eine Minute stehen lassen
und dann mit einem Esslöffel auf die Feldsalat-Suppe geben.

GUT ZU WISSEN:
Der Feldsalat, der auch als Acker- oder Lämmersalat bezeichnet
wird, war in früheren Jahrhunderten als Rapunzel bekannt.

Kohlrabi-Blätterei
Taste the Waste

Das wird gebraucht:
500 g Kohlrabiblätter
1 Zwiebel
100 g Speck
300 ml Gemüsebrühe
1 Kohlrabiknolle
1 Süßkartoffel
Sahne
Salz, Pfeffer

So geht's:
Kohlrabiblätter waschen und grob schneiden. Zwiebel und Speck andünsten. Kohlrabiblätter hinzufügen und mit Brühe aufgießen. Kohlrabiknolle und Süßkartoffel würfeln, hinzufügen und simmern lassen (also in heißem Wasser knapp unter dem Siedepunkt kochen), bis die Knollen weich sind. Mit Salz, Pfeffer und etwas Sahne abschmeckt pürieren.

GUT ZU WISSEN:

»Probier' die Verschwendung!«, lautet Peter Beckers Übersetzung von »Taste the Waste«. »Was wäre, wenn die Bauern fortan das Grünzeug nicht mehr unterpflügen, als Viehfutter nutzen oder gar wegschmeißen?« Er bietet den Brotaufstrich im Glas auch in seinem Onlineversand an (www.newtritionink.de), um auf die gigantische Verschwendung einer wertvollen Ressource aufmerksam zu machen.

Peter Beckers Aufruf an die Landwirtschaft: »Kohlrabiknollen werden für 39 Cent pro Stück verkauft, wie viel davon bekommt denn der Bauer? 100 Gramm Kohlrabiblätter lassen sich in Form meines Aufstrichs dagegen für 3 Euro verkaufen. In der Direktvermarktung ein lohnendes Geschäft. Worauf wartet ihr?«

PROBIER' DIE VERSCHWENDUNG!

Lasagne
a mo'di pirata

Das wird gebraucht:

2 Auberginen
1 Zucchini
300 – 400 g junger frischer
Blattspinat oder Mangold
ca. 200 g Kirschtomaten
oder kleine Tomaten
Salz, Pfeffer
Muskatnuss, gemahlen
Safran
frischer Thymian
Olivenöl
dunkler Balsamico-Essig

gemischter Sesam
(schwarzer und ungeschälter,
aus dem Asiamarkt)
2 Eier *(mit der Gabel schlagen)*
Mehl
1 Zitrone
0,2 l Winzersekt oder ein
trockener Riesling
ca. 2 g Lecite *(Meeresalgen,*
bekommt man in Apotheken
oder Feinkostläden)

So geht's:

Die Auberginen längs in 8 Stücke schneiden und die Zucchini längs in 4 Stücke. Die Eier in einen tiefen Teller geben und mit einer Gabel verquirlen. Mehl und gemischten Sesam auf verschiedene Teller geben. Auberginen- und Zucchini-Stücke auf eine Länge von etwa 12 bis 15 cm zuschneiden. Die Längen müssen einigermaßen ähnlich sein, damit später schön geschichtet werden kann. Dann Auberginen und Zucchini mit Zitrone beträufeln und mit dem frisch abgezupften Thymian würzen. Auberginen-Stücke mit Mehl bestäuben, im Eierbrei wälzen, mit den Sesamkörnern panieren und in Olivenöl beidseitig anbraten. Auf einem Stück Küchenrolle abtupfen. Die Zucchini-Stücke anbraten (ohne Panade) und ebenfalls kurz abtupfen.

Blattspinat oder Mangold waschen und trocken schleudern. In einer Pfanne mit Olivenöl leicht anbraten, mit Muskat, Salz und Pfeffer abschmecken und mit etwas Gemüsebrühe ablöschen. Kirschtomaten halbieren und kurz anbraten (sie sollten noch Biss haben), mit Salz und Pfeffer würzen und mit ein paar Tropfen Balsamico beträufeln. Etwas Gemüsebrühe in einem Töpfchen mit Sekt und Safran erhitzen, Lecite hinzugeben, mit einem Zauberstab etwa 30 Sekunden aufmixen, dann etwas stehen lassen, damit der Schaum stabil wird. Vier Teller anwärmen, darauf das Gemüse schichten: zuerst eine Auberginen-Scheibe, darauf Spinat und Kirschtomaten, dann eine Zucchini-Scheibe, noch mal Spinat und Kirschtomaten und obendrauf noch eine Auberginen-Scheibe. Dann mit einem Esslöffel den Safran-Schaum rundherum legen.

GUT ZU WISSEN:

Gemüsebrühe (Fond) kann man selbst aus Gemüseresten herstellen, aus Abschnitten ebenso wie Schalen. Dazu Gewürze
wie Lorbeer, Wacholder, Nelke, Muskatnuss, Salz. Kräuter wie
Schnittlauch, Dill und Petersilie mitsamt Stängel, jedoch kein
Rosmarin oder Thymian.

Alles in einen großen Topf, zu drei Vierteln mit Wasser füllen
und einmal aufkochen, dann auf kleiner Stufe langsam köcheln,
bis die Flüssigkeit um etwa ein Drittel reduziert ist. Je nach
Topfgröße dauert das 4 bis 8 Stunden. Dann alles absieben, die
ausgekochten Reste kompostieren. Der Fond lässt sich gut in
Gläsern lagern oder einfrieren.

GROSSMUTTERS KÜCHE

VOM KLUGEN
HAUSHALTEN
MIT NAHRUNGSSCHÄTZEN

HENRIETTE DAVIDIS – URALT UND HOCH-MODERN!

Kein Gespräch übers Kochen, in dem der Mythos nicht irgendwann auftaucht: Großmutters Küche! Kaum eine Spitzenkoch-Vita kommt ohne Reminiszenzen an großmütterliche Rezeptschätze aus. Jede zweite Firmengeschichte im kulinarischen Bereich glorifiziert Omas gut gehütete Küchengeheimnisse. Und schwärmt nicht fast jeder von uns für mindestens eine dieser geradezu magischen Speisen, die uns als Kinder in den Bann von Omas Kochkünsten gezogen haben?

Was ist dran an diesem Mythos? Waren unsere Groß- und Urgroßmütter wirklich so begnadete Küchenmeisterinnen? Hängt der Kinderglaube an die »die tollste Köchin aller Zeiten«, wie ihn Jonathan Safran Foer im Eingangskapitel seines Buchs »Tiere essen« beschreibt, am Geschmack einzelner Gerichte? Oder spielen die Geschichte der großmütterlichen Beziehung zum Essen und der besondere Wert, den die Hausfrauen von früher Lebensmitteln beimaßen, die größere Rolle? Was ist die Essenz ihrer kulinarischen Autorität? Woher hatten unsere Großmütter eigentlich ihren praktischen Verstand in Essensfragen, und was hat sie davor bewahrt, so viele wertvolle Ressourcen ungenutzt verkommen zu lassen, wie wir uns das heute leisten?

Mit Sicherheit wäre ihnen niemals eingefallen, planlos und im Übermaß einzukaufen, was sie nicht brauchten. So lange gibt es das gigantische Überangebot von Lebensmitteln aus aller Welt schließlich noch gar nicht, das heute in Supermärkten jederzeit und an jedem Ort zu Schleuderpreisen zu haben ist. Außerdem hat sich das Verhältnis von Lebensmittelpreisen zum verfügbaren Haushaltseinkommen inzwischen drastisch verändert. Wir geben heute kaum viel mehr als ein Zehntel unseres Einkommens fürs Essen aus. 1950 war es noch beinahe die Hälfte, 1850 sogar mehr als zwei Drittel davon! Allein das dürfte für deutlich mehr Augenmaß im Umgang mit Lebensmittelvorräten gesorgt haben, und das sicher nicht nur bei Hausfrauen am unteren Einkommensrand.

Mehr Vorbedacht für die benötigten Verbrauchsmengen, für deren geeignete Aufbewahrung und für die Verwertung von Überbleibseln war früher auch aus anderen Gründen wahrscheinlich. Es ist ja noch nicht lange her, dass wir uns auf all die ausgeklügelte Küchentechnologie stützen können, die heute in jedem Durchschnittshaushalt Standard ist, wie Küchenmaschinen aller Art, Elektroherde und -backöfen und Kühl- und Tiefkühlschränke mit schier unglaublichem Fassungsvermögen.

Ohnedies kauften unsere Großmütter noch viel mehr lose und frisch direkt beim Kaufmann ein. Ein sogenanntes Mindesthaltbarkeitsdatum auf Produktpackungen, wie es 1971 in Deutschland eingeführt wurde, brauchten sie nicht. Sie wussten selbst, was von der Haltbarkeit einzelner Lebensmittel zu erwarten war, und bedienten sich ganz selbstverständlich ihrer Augen, Nasen und Zungen, wenn sie sicher sein wollten, was noch gut war zum Verzehr! Auf die Idee, sauer gewordene Milch wegzuschütten oder die Reste vom Vortag einfach wegzuwerfen, kamen damals wohl die wenigsten. Überflüssig zu sagen, dass die meisten Hausfrauen, die heute im Großmutteralter sind, auch die längste Zeit ihres Lebens nichts von Barcodes wussten.

In seinen »64 Grundregeln ESSEN« legt der amerikanische Journalist Michael Pollan uns nahe, nichts zu essen, was unsere Urgroßmütter nicht als Essen erkannt hätten. Er meint, so meide man am sichersten die hochverarbeiteten Industrieprodukte voller technischer Hilfsstoffe, die als Ersatz für echte Lebensmittel weder ihr Geld wert und noch gesund sind. Wer der Empfehlung folgt, wird also viel mehr frische Lebensmittel essen, direkt vom Erzeuger, unverpackt und wenig vorverarbeitet. Dass man so vermutlich auch planvoller einkauft und sich mehr um Aufbewahrung und Resteverwertung kümmert, macht die Strategie auch zum prima Mittel gegen Verschwendung. Pollans augenzwinkernder Zusatz: »Wenn Ihre Uroma eine miserable Köchin oder Esserin war, empfehle ich Ihnen, sich vorübergehend eine andere auszuleihen – am besten eine aus Sizilien oder Frankreich«, passt dazu.

Was bleibt, ist die Frage nach den Quellen für die viel berufene großmütterliche Küchenkompetenz. Haben sie Kochen und Haushalten von ihren Müttern gelernt oder stammte ihr Wissen aus Kochbüchern? Vermutlich lautet die Antwort in den meisten Fällen: beides!, und bei den meisten unserer Groß- und Urgroß-

mütter hieß die Verfasserin des fraglichen Kochbuchs vermutlich Henriette Davidis!

Ihr »Praktisches Kochbuch für die gewöhnliche und feinere Küche« war jedenfalls von der Mitte des 19. Jahrhunderts bis zum Zweiten Weltkrieg das am weitesten verbreitete deutsche Küchenlehrbuch. Es hat mit Sicherheit für etliche Generationen junger Ehefrauen zur Aussteuer gehört.

Die erste Auflage kam 1845 auf den Markt, wurde prompt ein Bestseller und machte Henriette Davidis sehr bald zur führenden Verfasserin hauswirtschaftlicher Schriften in Deutschland und darüber hinaus. Sie brachte erstmals eine »deutsche Küche« in die Welt und zugleich die ganze Welt in deutsche Küchen. Denn neben Kochrezepten aus allen Regionen Deutschlands, die sie in den neun Jahren ihrer Arbeit daran tatsächlich alle selbst erprobt und nach eigenem Urteil abgewandelt hat, enthält ihr deutsches Kochbuch eine Fülle von Rezepten für Gerichte aus anderen Ländern. Französische Soßen, italienischer Reis, Braten auf englische Art, russischer Salat, Mais als amerikanische Lieblingsspeise oder Parmesankäse zum Spargel, das gehörte für die kulinarische Kosmopolitin Henriette Davidis ganz selbstverständlich dazu.

Der einzigartige und anhaltende Erfolg ihres Kochbuchs erklärt sich aber nicht nur aus der reichen Fülle der dort versammelten Koch- und Backrezepte. Was damals in aller Bescheidenheit ein praxisnahes

»Von meiner Großmutter lernte ich, dass ein Teebeutel so viele Tassen Tee ergibt, wie man braucht, und dass alles am Apfel essbar ist. (...)

50 Jahre später in Amerika aßen wir alles, was uns schmeckte. Unsere Schränke waren voll mit nach Lust und Laune gekauften Lebensmitteln, überteuerter Feinschmeckerkost, Essen, das wir nicht brauchten. Und wenn das Verfallsdatum abgelaufen war, warfen wir es weg, ohne daran zu riechen. (...)

Als Kinder hielten meine Brüder und ich unsere Großmutter für die tollste Köchin aller Zeiten. Wir sagten es ihr, wenn das Essen auf den Tisch kam, und wieder nach dem ersten Bissen, und noch einmal am Ende: ›Du bist die tollste Köchin aller Zeiten.‹ Dabei waren wir klug genug, um zu wissen, dass die tollste Köchin vermutlich mehr als nur ein Rezept (Hühnchen mit Möhren) beherrschen sollte und dass zu den meisten tollen Rezepten mehr als zwei Zutaten gehörten. (...)

Ihr Hühnchen mit Möhren gehört vermutlich wirklich zum Köstlichsten, was ich je gegessen habe. Doch hat das nichts mit der Art der Zubereitung zu tun oder gar damit, wie es schmeckte. Ihr Essen war köstlich, weil wir glaubten, dass es köstlich war. Wir glaubten glühender an die Kochkünste unserer Großmutter als an Gott. (...)

Die Geschichte ihrer Beziehung zum Essen umfasst alle anderen Geschichten, die sich über sie erzählen ließen. Für sie ist Essen nicht gleich Essen, sondern Schrecken, Würde, Dankbarkeit, Rache, Fröhlichkeit, Demütigung, Religion, Geschichte und natürlich Liebe. Als wären die Früchte, die sie uns immer anbot, von den zerstörten Ästen unseres Stammbaums gepflückt.«

Auszug aus »Tiere essen« von Jonathan Safran Foer, Köln 2010, S. 13–16; mit freundlicher Genehmigung des Verlages Kiepenheuer & Witsch

Fachbuch für junge Hausfrauen werden sollte, ist der Verfasserin zu einer großen allgemeingültigen Küchenlehre geraten. Es vermittelt viel mehr als nur Anleitungen zu einzelnen Haushaltsdingen.

Von der Pfarrerstochter und ausgebildeten Pädagogin Henriette Davidis konnten junge Frauen (und sogar kleine Mädchen, für die sie unter dem Titel »Puppenköchin Anna« eins der ersten Kinderkochbücher verfasst hat) eine haushälterische Grundhaltung lernen, die wir heute »nachhaltig« nennen.

Fast 40 Seiten verwendet sie allein darauf, »Speisezettel« für jeden Monat nach der jahreszeitlichen Verfügbarkeit von Zutaten zusammenzustellen. In den Rezepten mit Fleisch tauchen wie selbstverständlich nicht nur Filetstücke auf, sondern alles vom Tier. Jedem Kapitel sind allgemeine Regeln vorangestellt, die Einkauf, Warenkunde, Aufbewahrung und Zubereitung der gesamten Speisengruppe betreffen und ganz nebenbei auch noch Grundlegendes zur Ernährungslehre vermitteln.

Ausführlich werden alle Formen des Haltbarmachens von Lebensmitteln wie trocknen und konservieren behandelt. Auf die geschickte Verwertung von Resten legt Henriette Davidis besonderes Gewicht. Dabei kehrt sie selbst gar nicht so sehr die Christin heraus, für die das Wegwerfen Sünde gewesen wäre, oder das biedermeierliche Ideal der sparsamen Haushälterin. So klingt es erst 1889 in der Bearbeitung für die 32. Auflage von Luise Holle, die alle Hinweise des Originals dazu in einem eigenen Abschnitt »Über die Verwendung von Resten« sammelt. Er beginnt mit dem Satz: »Nichts umkommen zu lassen ist von jeher der Grundsatz der sparsamen Hausfrau.«

»Meine Kochambitionen haben ihren Ursprung in Mamas guter Küche, und diese war deshalb so gut, weil sie niemals etwas wegwerfen konnte.

Das mag überraschen, gilt doch die Verwertung von Überbleibseln gemeinhin nur als lästige, moralische Pflicht. Meiner Mama war sie, ganz im Gegenteil, eine Quelle der Inspiration. Nicht nur, weil sie ein Kind armer Eltern war, armer, gläubiger Eltern, für die Verschwendung von Lebensmitteln als Sünde galt, spornten sie diese Reste an.

Auch der Ehrgeiz, gerade aus dem, was andere geringschätzen, Schätze herzustellen, beflügelte sie. Sie sah in der Zufälligkeit der vorhandenen Restspeisen eine Herausforderung ihrer Phantasie, kostete im Geiste die einzelnen zu verarbeitenden Bestandteile und stellte sie nach Geschmack neu zusammen. Aus Überbleibseln kann man immer etwas machen, sagte Mama, und weil man immer andere Überbleibsel hat, macht man nie zweimal dasselbe. Erfindungsreichtum ist der Reichtum der Armen.

Und Mama war stolz auf ihre Kochkunst, die meinem Vater immer wieder Lob entlockte. Und wenn es auch nur ein anerkennender Blick nach der Mahlzeit war, er fehlte nie.«

Auszug aus: Jeannette Lander, »Überbleibsel. Eine kleine Erotik der Küche«, Berlin 1995, S. 11 f.; mit freundlicher Genehmigung des Aufbau Verlages; © Aufbau Verlag GmbH & Co. KG 1995, 2008

Bei Davidis selbst lesen sich die meisten Tipps zur Resteverwertung dagegen eher so, als sei das eine ganz eigenständige Form ihrer großen Kochkunst gewesen, als habe sie Reste mit den Augen der Schöpferin gesehen und in ihrer Verwertung weit mehr als eine lästige Pflichtaufgabe.

Die Schriftstellerin Jeannette Lander hat dem Thema eine wunderschöne Erzählung mit dem Titel »Überbleibsel« gewidmet, in der sie die hohe Schule des Kochens mit Essensresten beschreibt, zu der es ihre Mutter gebracht hat. Ob die aus einem kleinen polnischen Dorf nach New York ausgewanderte Jüdin das Kochbuch der Davidis kannte? Möglich gewesen wäre das, denn seit dem ersten Erscheinen hat Letzteres über 70 teils bearbeitete Neuauflagen erlebt, und nicht nur in Deutschland. Übersetzungen erschienen in England und Amerika, in Holland, Polen und anderen Ländern. Die verkaufte Gesamtauflage muss in die Millionen gehen, und nach mehr als anderthalb Jahrhunderten ist das Buch heute immer noch im Handel.

Übrigens genauso wie ihre ausführliche Anleitung zur gärtnerischen Selbstversorgung: »Der Blumen- und Küchen-Garten für Hausfrauen«. Beide Bücher sind gleichermaßen interessante kulturhistorische Zeugnisse wie immer noch erstaunlich praxistaugliche Handlungsanleitungen. Das eine rät zur Selbstversorgung mit einem Sortenreichtum an Gemüse, von dem wir heute leider nur noch träumen können. Das andere taugt wie kaum ein zweites für die Rückbesinnung auf die Essenz heimischer Kochkunst und ist in vieler Hinsicht ein nützlicher Ideenfundus von gestern für Essensretter von heute.

Henriette Davidis ist als unverheiratete Frau mit Berufsausbildung und eigenem Einkommen einen für das 19. Jahrhundert bemerkenswert eigenständigen Weg gegangen. 1801 in dem verträumten Örtchen Wetter an der Ruhr geboren, hat sie es geschafft, Deutschlands erfolgreichste Kochbuchautorin zu werden.

Als ihr größter Erfolg, ihr »Praktisches Kochbuch«, erschien, leitete die damals 44-Jährige gerade für mehrere Jahre die hauswirtschaftliche Mädchenschule zu Sprockhövel. Unter anderem ihrer Korrespondenz mit Verlegern lässt sich entnehmen, dass es ihr nicht allein darum ging, ihren Schülerinnen und Leserinnen erprobte Haushaltstipps zu geben. Sie hat die Frauen ihrer Zeit auch ermutigt,

Kompetenzen zu erwerben, die sie so weit wie möglich selbst über ihren Alltag und ihre Aufgaben bestimmen ließen. Ein braves Heimchen am Herd ist die Zeitgenossin von Heinrich Heine und Georg Büchner trotz ihres hauswirtschaftlichen Schwerpunkts wohl nie gewesen. Nebenbei schrieb sie sogar Gedichte und spendete das Autorenhonorar dafür Menschen in Not.

In dem kleinen Museum, das der pensionierte Pfarrer Walter Methler in Wetter-Wengern zum Gedenken an Henriette Davidis unterhält, richtet sich heute ein Männer-Kochverein nach ihren Rezepten. Das lässt hoffen. Vielleicht eignen sich ja in Zukunft auch mehr Großväter als gute Ratgeber für kulinarische Nachhaltigkeit.

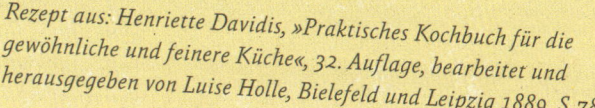

Rezept aus: Henriette Davidis, »Praktisches Kochbuch für die gewöhnliche und feinere Küche«, 32. Auflage, bearbeitet und herausgegeben von Luise Holle, Bielefeld und Leipzig 1889, S. 78

Gemüse und Kartoffelspeisen
Spargel zu kochen.

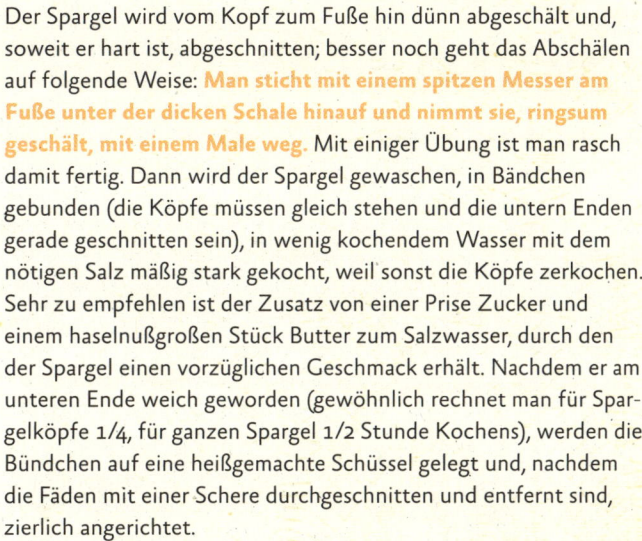

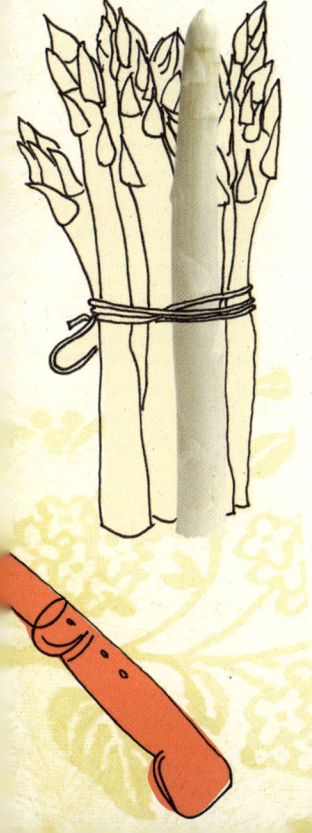

Der Spargel wird vom Kopf zum Fuße hin dünn abgeschält und, soweit er hart ist, abgeschnitten; besser noch geht das Abschälen auf folgende Weise: **Man sticht mit einem spitzen Messer am Fuße unter der dicken Schale hinauf und nimmt sie, ringsum geschält, mit einem Male weg.** Mit einiger Übung ist man rasch damit fertig. Dann wird der Spargel gewaschen, in Bändchen gebunden (die Köpfe müssen gleich stehen und die untern Enden gerade geschnitten sein), in wenig kochendem Wasser mit dem nötigen Salz mäßig stark gekocht, weil sonst die Köpfe zerkochen. Sehr zu empfehlen ist der Zusatz von einer Prise Zucker und einem haselnußgroßen Stück Butter zum Salzwasser, durch den der Spargel einen vorzüglichen Geschmack erhält. Nachdem er am unteren Ende weich geworden (gewöhnlich rechnet man für Spargelköpfe 1/4, für ganzen Spargel 1/2 Stunde Kochens), werden die Bündchen auf eine heißgemachte Schüssel gelegt und, nachdem die Fäden mit einer Schere durchgeschnitten und entfernt sind, zierlich angerichtet.

Man übergießt den Spargel entweder mit einer Spargelsauce (Abschnitt R) oder reicht zerlassene Butter – oft neben dieser auch noch geriebene harte Eidotter dazu. In Süddeutschland ist eine Rahmsauce zum Spargel vielfach beliebt, und in England legt man den Spargel auf eine große geröstete Brotschnitte und übergießt ihn mit geschmolzener, mit drei Eidottern vermischter Butter, auch wird er dort teilweise noch mit geriebenem Parmesankäse bestreut und mit Spiegeleiern belegt.

Passende Beilagen sind Koteletten, gebratenes Geflügel, Fricandeaus, Rühreier und roher Schinken, geräucherter Lachs und Cervelatwurst. Zu beachten ist, dass Spargel niemals im Wasser liegen bleiben darf.

Der Balkan in einem Topf
Juwetsch

Das wird gebraucht:

500 g reife Fleischtomaten
500 g Paprika
(die langen, am besten eine
Mischung aus roten, gelben
und grünen)
250 g Zwiebeln
2 Knoblauchzehen
3 Peperoni *(scharf)*
200 g Reis *(Langkorn)*
evtl. **1** Aubergine oder
200 g grüne Bohnen
evtl. **200 g** Lamm-
oder Kalbfleisch
(z. B. Keule, Schulter, Rippe)
0,5 l Gemüsebrühe, dazu
1/2 TL süßes Paprikapulver
4 EL Olivenöl
2 EL gehackte glatte Petersilie

So geht's:

Würfelig geschnittene Zwiebeln und Knoblauch mit dem Fleisch leicht anrösten, auch Paprika und Aubergine grob schneiden und kurz anbraten. In einer Auflaufform zunächst den Reis aufschichten, mit etwas Gemüsebrühe anfeuchten, darüber Zwiebeln und Fleisch aufschichten, dann eine Schicht Paprika und Aubergine, dann salzen und mit Peperoni und Kräutern würzen (z. B. Salbei), schließlich mit einer Lage grob geschnittener Tomaten bedecken. Die Form mit Alufolie bedecken und eine Stunde in den Ofen schieben, bei ca. 180°C. Anschließend mit der Petersilie bestreuen.

Das Reich meiner Oma war die Küche. Und was für eine Küche. Elisabeth Thurn vermittelte uns Kindern stets, dass es eine Synthese von Orient und Okzident gibt. Sie war im Krieg vertrieben worden, aus dem Banat, und kam mit der Familie im Planwagen nach Deutschland. Mit im Gepäck: ein großes Fass mit Fleisch, durch Gänsefett so konserviert, dass es anderthalb Jahre, über die ganze Flucht, reichte. Ihre Gerichte ließen uns ihre Liebe zur alten Heimat spüren: Die Strudelfüllung gab es nicht nur süß mit Obst, sondern auch salzig, mit Kürbis. Oder das Fischgulasch, es war so scharf, dass es meine Schulfreunde nicht essen konnten.

Am liebsten aber war mir ihr Juwetsch. Das »Schmorgemüse mit Reis« existiert auf dem ganzen Balkan: Die Türken nennen es Güvec, die Jugoslawen Djuvec, die Rumänen Giveci und die Donauschwaben eben Juwetsch. Wichtigste Zutat sind frische Fleischtomaten. Am meisten bedauerte meine Oma, dass die Tomaten hierzulande so wenig Geschmack haben. Ansonsten ist es ein klassisches Restegericht, bei dem die Zutaten problemlos variiert werden können. Manche bedecken den Auflauf auch mit Sauerrahm, und meine Oma liebte eine süße Variante: Milchreis mit Kirschen von Eischaum bedeckt und überbacken.

Valentin Thurn: Mein Lieblingsessen von meiner Oma

Käsekuchen von Omi Luise

bodenlos lecker

Das wird gebraucht:
500 g Quark (40 %)
500 g Schichtkäse
(oder Magerquark)
4, 5 oder 6 Eier
(nach Größe der Backform)
500 g Zucker
250 g Butter
125 g Grieß
1 TL Backpulver, gehäuft
1 Zitrone
(abgeriebene Schale und Saft)

So geht's:

Zuerst die Butter mit dem Zucker und den Eiern schaumig schlagen. Den Quark dazugeben und alles zusammen mit Zitronensaft und Schalenabrieb vermengen. Schließlich den Grieß beim Rühren einstreuen. Erst ganz zum Schluss das Backpulver gut untermischen, aber nicht mehr lange rühren. Die Masse in eine nur am Boden gebutterte und mit etwas Grieß ausgestreute Form geben und glatt streichen. Im Ofen bei mittlerer Hitze (ca. 180 °C) 60 Minuten goldgelb backen. Am besten wird der Kuchen übrigens handgerührt, nach Großmutterart und ohne den Einsatz von Küchenmaschinen!

Luise Oertel hat als Mädchen und junge Frau in der schönen Stadt Görlitz in Schlesien gelebt. Ob sie dort gelernt hat, Käsekuchen auf die regionaltypische Art zu backen, habe ich sie nie gefragt. Doch schlesisch oder nicht, für mich war der Käsekuchen meiner Großmutter einfach der allerbeste und dazu ein unschlagbarer Seelentröster! Ein Stück davon, und die Welt war wieder in Ordnung.
Omi Luise, wie ich meine Großmutter väterlicherseits nannte, ließ in ihrem Haushalt nichts Essbares verderben, wie alle, die Krieg und Hungersnot erlebt haben. Die Sorge, dass Kuchenreste umkommen könnten, war bei ihr allerdings unbegründet. Was an der Kaffeetafel nicht verputzt wurde, durfte der Familienbesuch säuberlich verpackt mitnehmen. Im Prinzip jedenfalls, denn Omis Käsekuchen war zwar bodenlos lecker, doch immer schon restlos alle, bevor die Kuchenpäckchen verteilt wurden.
Das abgebildete Davidis-Kochbuch gehörte übrigens meiner Großmutter mütterlicherseits. Sie hat es zur Hochzeit geschenkt bekommen, später meiner Mutter vererbt, und die hat es nun an mich weitergereicht. Mal sehen, wer sein nächster Besitzer wird, vielleicht mein Neffe Jonathan?

Gundula Oertel: Mein Lieblingskuchen von meiner Omi Luise

Erdbeereis für heute und Baisers

für morgen

Das wird gebraucht:

★ für das Erdbeereis

250 g Zucker
4 Eigelb
200 ml Schlagsahne
500 g Erdbeeren
1 Gläschen Schnaps
(z. B. Rum)

★ für die Baisers

4 Eiweiß *(schön kühl!)*
6 EL Zucker

So geht's:

Erdbeereis: Zuerst Zucker und Eigelb mit dem Schneebesen schaumig schlagen. Sahne schlagen, Früchte pürieren und unterheben. Zuletzt das Gläschen Schnaps hinzufügen. Das Ganze nun abgedeckt in das Gefrierfach stellen. Ab und zu umrühren – ca. fünfmal in den ersten vier Stunden reicht. Wenn die Früchte sehr wässrig sind, kann man das mit etwas mehr Zucker und Eigelb ausgleichen.

Baisers: Das Eiweiß mit dem Schneebesen so lange schlagen, bis es steht und glänzt. Den Zucker löffelweise hinzugeben. Damit das Eiweiß steif genug wird, muss es recht frisch und kühl sein, und es sollte kein Eigelb hineingelangt sein. Das Eiweiß wird in einer Richtung geschlagen, möglichst von nur einer Person. Sonst zerfallen die entstandenen Bläschen wieder. Im Ofen bei geringer Hitze (80°C) ca. 30 Minuten lang mit Umluft trocknen lassen.

Meine Oma Ursula wuchs als eins von zehn Kindern eines Pastors auf. Lebensmittelknappheit und daher der sorgfältigste Umgang mit Nahrungsmitteln waren prägende Kindheitserfahrungen für sie. Ich erinnere mich an viele Einzelheiten bei ihrer Essenszubereitung und Resteverwertung. Und an ihre verschließbare Zuckerdose! Sie arbeitete ganztags als Gemeindeschwester, motorisiert mit einer Blauen Schwalbe. Ihr großer Garten war vollkommen auf autarke Selbstversorgung angelegt. Gemüse und Obst wurden eingekocht, Kartoffeln, Nüsse sowie Äpfel füllten den Keller. Für uns Enkeltöchter nahm sie sich die Zeit zu etwas Besonderem. Da gab es Puddingsuppe morgens ans Bett, junges Mischgemüse zum Mittag und Erdbeereis an warmen Tagen nachmittags. Die Baisers aus dem übrig gebliebenen Eiweiß waren dann aber erst für den nächsten Tag.

Uta Tietze, Kommunikationsdesignerin:
Mein Lieblingsessen von meiner Rhön-Oma

Oma Mieps
Gefüllte Melone

Das wird gebraucht:

1 Wassermelone *(gestreifte Sorten haben oft weniger Kerne)*
verschiedene Obstsorten der Saison wie Johannisbeeren und Nektarinen
(die auf jeden Fall dabei sein sollten, weil sie dem Gericht einen herrlich frischen, säuerlichen Geschmack geben)
Birnen, Bananen, Pfirsiche, Äpfel, Erdbeeren, Trauben

1 Becher Crème fraîche
Hühnerfleisch *(¼ – ½ Huhn oder Hähnchen je nach Größe der Melone)*
Salz, Pfeffer
evtl. weitere Gewürze nach Geschmack

So geht's:

Das Fleisch leicht anbraten und nach Geschmack würzen, dann mit etwas Wasser oder Weißwein auf kleiner Flamme garen, abkühlen lassen und in Würfel schneiden.

Von der Melone oben eine Kappe abschneiden, die später als Deckel dient. Das Fruchtfleisch mit einem scharfkantigen Löffel ausheben. Etwas vom entstehenden Saft mit der Crème fraîche vermischen. Der übrige löscht den Durst bei der Arbeit sehr angenehm!

Etwa ein Drittel des Melonen-Fruchtfleisches in mundgerechte Stücke schneiden, dabei die Kerne herauslösen. Das übrige Melonen-Fruchtfleisch kann man zusammen mit weiteren übrigen Zutaten zum Nachfüllen der »Melonenschüssel« aufheben, oder man isst es pur nebenbei auf.

Das übrige Obst ebenfalls in kleine Stücke schneiden, mit Hühnerfleisch und Melonenstückchen vermischen und die Melone damit füllen. Die Crème fraîche darüber verteilen oder separat servieren. Damit der Salat bis zum Servieren schön frisch bleibt, träufelt man etwas Zitronensaft über das Obst und deckt die Melone mit der Kappe zu.

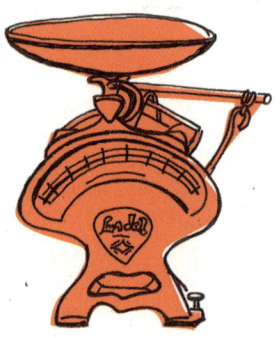

Das Haus meiner Großeltern war eine Wunderkammer, jeder kleinste Winkel gefüllt mit Fossilien, Kristallen, fremdländischen Masken, Kuriositäten und Kunstwerken. Meine Großeltern waren wahre Sammler. In der Zeit nach dem Zweiten Weltkrieg entwickelten sie trotz oder gerade wegen der großen Not und der Knappheit an Lebensmitteln einen unstillbaren Hunger nach Kultur, Farben und Formen. So warteten sie jahrelang damit, endlich eine Waschmaschine zu kaufen. Alles Geld, das sie beiseitelegen konnten, wurde zunächst in Malerei investiert. Meine Oma entwickelte durch den engen Kontakt zu Künstlern und ihren Bildern einen eigenartigen, einzigartigen Farbgeschmack, der sie zu einer der am buntesten gekleideten Personen machte, denen ich je begegnet bin. Diese Farbenpracht und der Sinn für das Schöne spiegelten sich auch in ihren Kochkünsten wider. Oma Mieps gefüllte Melone ist ein klassisches Beispiel dafür, wie sie mit geringen Mitteln kulinarische Kunstwerke zaubern konnte. Die bunt gefüllte Melone wurde mit frischen Weinblättern aus dem Hinterhof umrandet und meist mit leuchtend roten Johannisbeeren bedeckt. Dazu gab es immer frisches Baguette mit guter Butter und bestem holländischen Käse.

Uli Westphal, Fotograf und Künstler: Mein Lieblingsessen von Oma Miep

...FÜR DIE ZEIT, DIE IHR EUCH FÜR UNS
GENOMMEN HABT, OBWOHL WIR EUER
ESSEN REGELMÄSSIG KALT WERDEN LIESSEN,
UM ES ZUERST ZU FOTOGRAFIEREN, UND
OBWOHL WIR MIT UNSERER NEUGIER
BEINAH JEDEN ZEITPLAN SPRENGTEN.

Danke, Tanja und Lea! Nie zuvor sind wir mit stärker gekrümmten Köstlichkeiten und verdrehterem Backwerk verwöhnt worden als bei Euch.

Danke, lieber Vincent Klink, mit Ihnen kann man so schön auf Schwäbisch philosophieren. Dank auch an Ihr Küchenteam. Selten haben wir eine Küche betreten, in der so wenig geschrien wurde. Ehrlich.

Danke, Sarah und Sandra! Ein Tag zu fünft in der winzigen Marktküche und Ihr dabei völlig gelassen, Chapeau!

Danke, Milenko, danke Adam und Dank an die Chezfou-Crew, dass wir zwei aufregende Tage lang in beinahe jeden Eurer Töpfe gucken durften.

Danke, Ihr Mundräuber Katharina, Kai, Magda und Simone, dass Ihr die Belagerung Eures Büros mit Humor genommen und uns Euer letztes Glas Schwarze Nüsse spendiert habt.

Danke, Talley, dass wir bei Dir »couchsurfen« durften, und danke, **Katharina, Robin und Daniel.** Kein Zaun war zu hoch und keine Nacht zu dunkel für Eure Devise: »One man's trash is another man's treasure«.

Danke, Wam! Unnachahmlich, wie Du uns mit Deiner Erzählkunst beim Gemüseschnippeln in die Gründerzeit der Umweltbewegung zurückgebeamt hast.

Danke, Hendrik, seit wir Dich getroffen haben, wissen wir endlich, wie ein echter »Culinerd« aussieht!

Danke, Timo, dass Du Deinen KIMBA-Bus bei größter Hitze und in eisiger Kälte startklar machst, um der nächsten Schulklasse Deine One-Man-Kochshow schmackhaft zu machen.

Danke, Stefanie! Eine singende »Studioköchin« treffen wir auch nicht jeden Tag.

Dank an Michael, Uwe, Peter und Ralph, Ihr seid die Mainzer »Food Fighters«, und deshalb darf es in Eurer Küche deutlich lauter zugehen. Motto: rau, aber herzlich. Und: Gibt's nicht gibt es nicht.

Danke, Tom und Manuel! Seit wir in Eurer Küche Mäuschen spielen durften, glauben wir, dass man Gelächter löffeln kann.

Danke, lieber Walter Methler, dass Sie uns vertieften Einblick in die Welt der Henriette Davidis gaben und uns mit Bildmaterial versorgten.

Valentin Thurn, Gundula Oertel, Uli Westphal, Uta Tietze
Köln und Berlin im August 2012

★ Ein riesengroßes Dankeschön, liebe Petra!
Ohne Deine Unterstützung und Inspiration im Trubel um »Taste the Waste« hätte ich nicht halb so viele Ideen umsetzen können und wäre wohl einigen der Protagonisten dieses Buches nie begegnet.
Valentin

★ Herzlichen Dank, lieber Vater!
Als Mitglied einer Männer-Kochgruppe warst Du der ideale Erstleser für dieses Buch. Danke auch, dass ich Dich die ganze Schreibzeit lang und selbst spätabends noch als »Privatlektor« an meiner Seite hatte!
Gundula

Valentin Thurn, Studium der Geografie und an der Deutschen Journalistenschule, mehr als 40 TV-Dokumentationen und Reportagen als freier Filmemacher u. a. für ARD, ZDF und ARTE. Er erhielt 2003 den Medienpreis des Entwicklungshilfe-Ministeriums und war 2006 für den Deutschen Fernsehpreis nominiert. Mehr als 120.000 Zuschauer sahen »Taste the Waste« in den deutschen Kinos, mehr als 25.000 in Österreich, der Film lief auf über 30 Festivals weltweit und gewann zwölf nationale und internationale Preise, darunter den Umweltmedienpreis der Deutschen Umwelthilfe 2011. Mit Stefan Kreutzberger zusammen veröffentlichte er das erfolgreiche Sachbuch »Die Essensvernichter«.

Gundula Christiane Oertel, Studium der Biologie und Germanistik, ist freie Journalistin und Autorin mit den Spezialgebieten Natur- und Verbraucherschutz. 2008 gründete sie das Tierstimmenportal www.nature-rings.de, das Spenden für die Natur mit ungewöhnlichen Klingeltönen belohnt. Vor allem in ihren Magazinbeiträgen für Slow Food Deutschland beschäftigt sie sich mit Fragen der internationalen Agrar- und Lebensmittelpolitik.

Uli Westphal ist bildender Künstler. In seinen Arbeiten geht es darum, wie Menschen Natur wahrnehmen, darstellen und verändern. Seit einigen Jahren beschäftigt er sich zunehmend damit, wie die industrielle Produktion und Vermarktung von Lebensmitteln unsere Wahrnehmung von der Natur sowie die Eigenschaften der unserer Nahrung zugrunde liegenden Pflanzen und Tiere selbst verändert. www.uliwestphal.com

Uta Tietze studierte an der Kunsthochschule Berlin-Weißensee. Sie arbeitet als freiberufliche Kommunikationsdesignerin und Art Directorin in Berlin und setzte in den letzten Jahren ihren Schwerpunkt auf die Konzeption und Gestaltung von Umweltthemen. Für die Buchgestaltung Alexis Schwarzenbach »Die Geborene« wurde sie zusammen mit Kerstin Porges Preisträgerin »Die schönsten Schweizer Bücher 2004«.

SOSSEN, FOND & DRESSINGS

GERICHTE MIT BROT

CulinARy MiSfiTs

★ **www.culinarymisfits.de**
Tanja Krakowski, Lea Emma Rosa Brumsack
www.facebook.com/culinarymisfits
★ **www.vierfelderhof.de**
Biobauer Christian Heymann, Berlin-Gatow
★ **www.teltower-ruebchen.com**
Biobauer Axel Szilleweit, Berlin-Teltow
★ **Second Bäck**
Brot am Prenzlauer Berg – günstig von gestern,
Raumerstraße 38, 10437 Berlin

VINCENT KLINK

★ **www.wielandshoehe.de**
Restaurant Wielandshöhe Stuttgart
★ **neuestes Buch: »Immer dem Bauch nach,
Kulinarische Reisen«**
Rowohlt Taschenbuch Verlag, 2. Auflage Juni
2011
★ **Häuptling eigener Herd**
Zeitschrift erscheint »so vierteljährlich
wie möglich« in der Edition Vincent Klink,
Stuttgart
★ **www.haeuptling-eigener-herd.de**

DINNER EXCHANGE BERLIN

★ **dinnerexchangeberlin.wordpress.com**
Sarah Mewes, Sandra Teitge
★ **www.markthalle9.de**
Markthalle NEUN, Berlin Kreuzberg

MILENKO GAVRILOVIC, HAMBURG

★ **www.restaurant-marseille.de**

★ **www.chezfou.de**
★ **www.restaurant-eisenstein.de**

MUNDRAUB.ORG

★ **www.mundraub.org**
★ **www.facebook.com/groups/mundraub/**
★ **Mundräuber-Handbuch, Tipps, Regeln und
Geschichten zur Wiederentdeckung unserer
Obstallmende**
Kai Gildhorn, Madeleine Zahn, Katharina
Frosch (Hrsg.), Druckausgabe, 2. Auflage
VERLAGBerlin@mundraub.org, Mai 2012
★ **www.schwarzerpfeffer.de**
★ **www.stadtgarten.org**

TALLEY HOBAN & FRIENDS

★ **www.couchsurfing.org**
★ **www.dumpstern.de**
★ **www.containern.de**
★ **www.freegan.at**
★ **www.container.blogsport.de**

WAM KAT

★ **www.wamkat.de**
★ **»Wam Kats 24 Rezepte zur kulinarischen
Weltverbesserung«**
3. Auflage, orange-press 2012
★ **www.wurstsack.com**
Hendrik Haase, Design
★ **Jugendorganisation von Slow Food
Deutschland**
www.slowfood.de/youth_food_movement/
www.facebook.com/yfm.deutschland

TIMO SCHMITT / BERLINER TAFEL
★ www.berliner-tafel.de
★ www.kinderrestaurant-berlin.de

SILBERMOND
★ www.silbermond.de

FOOD FIGHTERS MAINZ
★ www.taste-mainz.de
★ Knöterichmanufaktur:
  www.newtritionink.de
★ Gemüsefon:
  www.facebook.com/Gemusefon
★ www.foodfighters.eu

TOM RIEDERER
★ T.O.M am Kochen
  A - 8483 Leutschach
★ www.tomamkochen.at
★ Tom Riederer »Nur der Idiot wirft's weg!«
  Pichler Verlag, Graz 2011
★ Ölmühle Hartlieb
  Heimschuh, Steiermark
★ www.hartlieb.at

GROSSMÜTTER
★ www.henriette-davidis-museum.de
  Henriette Davidis Museum, Elbscheweg 1,
  58300 Wetter-Wengern (Ruhr)
★ Henriette Davidis »Praktisches Kochbuch
  für die gewöhnliche und feinere Küche«
  antiquarisch: 32. Auflage, bearbeitet und
  herausgegeben von Luise Holle

aktuell lieferbar: Henriette Davidis, Praktisches Kochbuch für die gewöhnliche und feinere Küche, Nach der Originalausgabe bearbeitet und herausgegeben von Kurt Hentsch 1997, Manuscriptum Verlagsbuchhandlung
★ Henriette Davidis »Der Küchen- und Blumengarten für Hausfrauen«
  2009, Manuscriptum Verlagsbuchhandlung
★ Jonathan Safran Foer »Tiere essen«
  2010 Köln, Kiepenheuer & Witsch
★ Jeannette Lander »Überbleibsel. Eine kleine Erotik der Küche«
  Aufbau Verlag, Berlin 1995, 2008
★ Michael Pollan »64 Grundregeln Essen«
  Goldmann, München 2011

★ www.tastethewaste.de/kochbuch
★ Film: www.tastethewaste.de
★ www.facebook.com/tastethewaste.de
★ www.youtube.com/user/foodwastetv
★ Buch: www.essensvernichter.de
★ App: www.foodsharing.de
★ www.facebook.com/groups/foodsharing/
★ Rezepte: www.reste-essen.de
★ www.restlos-geniessen.at
★ www.resterechner.de
★ www.livemyfood.com

Über dieses Buch verteilt findet man eine Vielzahl seltsam geformter Früchte, Knollen und Gemüse. Diese entstammen dem Mutato-Archiv, einem Werk des Berliner Künstlers (und Hauptfotografen dieses Buches) Uli Westphal. Das Mutato-Archiv ist eine fotografische Sammlung nicht standardisierter Früchte, Knollen, Pilze und Gemüse, die eine schillernde Vielfalt an Formen, Farben und Texturen aufweisen. Die vollständige Abwesenheit botanischer Anomalien in unseren Supermärkten lässt uns die Gleichförmigkeit von dort präsentiertem Obst und Gemüse als natürlich erscheinen. Obst und Gemüse ist zu einem monotonen, hochgradig stilisierten Produkt geworden. Wir haben heute ein klar definiertes Bild davon, wie zum Beispiel ein Apfel oder eine Tomate auszusehen hat, und wir begegnen Abweichungen von dieser eingeprägten Norm meist mit Misstrauen, wenn nicht sogar Ekel. Die Etablierung dieser »Schönheitsideale« führt dazu, dass riesige Mengen an Obst und Gemüse nicht mehr verkauft werden können, obwohl sie völlig genießbar sind. Nur noch optisch makellose Exemplare erreichen den Markt. Wir haben vergessen, und in vielen Fällen nie erfahren, wie Obst und Gemüse eigentlich aussehen (und schmecken) kann.

Das Mutato-Projekt dient dazu, die natürliche morphologische Vielfalt landwirtschaftlicher Nutzpflanzen wieder sichtbar zu machen und die gesellschaftliche Nachfrage und Akzeptanz für diesen Formenreichtum zurückzugewinnen.

Mehr dazu unter: *www.uliwestphal.com/mutatoes.html*

Teile
Lebensmittel,
anstatt sie
wegzuwerfen!

foodsharing.de

Deutsche Privathaushalte werfen jährlich genießbare Speisen im Wert von rund 22 Milliarden Euro weg. **Pro Person sind das 82 kg!**

Auch Supermärkte, Lebensmittelfabriken und Gastronomie werfen jährlich mehrere Millionen Tonnen Lebensmittel weg.

Zwei Drittel des Abfalls sind vermeidbar!

foodsharing.de gibt Privatpersonen, Händlern und Produzenten die Möglichkeit, überschüssige Lebensmittel **kostenlos** anzubieten oder abzuholen.

So funktioniert's:

#1 Geben

Der Urlaub steht vor der Tür, doch dein Kühlschrank ist noch voll? Von der gestrigen Party sind noch Unmengen Reste übrig? Oder du hast einen Bauernhof, eine Bäckerei oder einen anderen Laden und willst die noch haltbaren Lebensmittel nicht in den Müll werfen?

Trag Lebensmittel ein auf
foodsharing.de

Abzugebende Lebensmittel über PC oder Smartphone eingeben.

Eventuell Abholtermin einstellen.

Produkt wird der Community angezeigt.

#2 Nehmen

Du bist auf dem Weg nach Hause und dir fehlt noch Käse? Es ist Sonntag, dir fehlen noch 2 Eier für's Kuchenbacken? Auf foodsharing.de findest du verfügbare Lebensmittel in deiner Umgebung. Oder unsere App auf dem Handy meldet dir automatisch, wenn ein Nachbar Lebensmittel teilen will.

Hol dir Lebensmittel über
foodsharing.de

Beim Login werden aktuelle Lebensmittel in der Umgebung angezeigt.

Zur Abholung werden Tickets für bestimmte Zeiten ausgestellt.

Der Nutzer kann sich von unserer App eine Route erstellen lasen.

#3 Teilen

Du bist alleine zu Hause und willst dir eine Lasagne machen, dir fehlt aber die Hälfte der Zutaten? Über die foodsharing-Community findest du nette Leute in deiner Nachbarschaft, die auch gerade kochen wollen.

Triff Leute über
foodsharing.de

foodsharing.de

info@foodsharing.de

Stefan Kreutzberger / Valentin Thurn. Die Essensvernichter. Warum die Hälfte aller Lebensmittel im Müll landet
und wer dafür verantwortlich ist. KiWi 1295

Dem Skandal der Lebensmittelvernichtung – der in hohem Maß auch zum
Klimawandel beiträgt – ist auf internationaler, aber auch auf individueller
Ebene zu begegnen. Das Buch enthält viele Anregungen, wie jeder Einzel-
ne umsteuern kann.

»In den Mund oder auf den Müll – das ist keine Frage von Qualität mehr,
sondern von wirtschaftlichen Interessen. Deshalb empfehle ich ›Die Essensvernichter‹ allen aufmerksamen Verbraucherinnen und Verbrauchern als
Pflichtlektüre.« *Sarah Wiener, Starköchin*

www.kiwi-verlag.de

Kiepenheuer
& Witsch